A obra completa de Joseph Pilates

Sua saúde

O retorno à vida pela *Contrologia*

CB016168

A obra completa de Joseph Pilates

Sua saúde
O retorno à vida pela *Contrologia* (coautoria de William John Miller)

Joseph Hubertus Pilates

Phorte
editora

São Paulo, 2010

Título original em inglês: *Return to Life through Contrology* and *Your Health*
Copyright © 1998, 2007 by Presentation Dynamics.

Direitos adquiridos para publicação em língua portuguesa pela Phorte Editora Ltda.
1ª edição brasileira – 2010.

Rua Treze de Maio, 596
Bela Vista – São Paulo – SP
CEP: 01327-000
Tel/fax: (11) 3141-1033
Site: www.phorte.com
E-mail: phorte@phorte.com

CIP-BRASIL. CATALOGAÇÃO-NA-FONTE

SINDICATO NACIONAL DOS EDITORES DE LIVROS, RJ

P686s

Pilates, Joseph H. (Joseph Hubertus)

A obra completa de Joseph Pilates. Sua saúde e O retorno à vida pela Contrologia (coautoria de William John Miller)/ Joseph Hubertus Pilates; tradução de Cecilia Panelli. - São Paulo: Phorte, 2010.

240p.

Tradução de: Return to life through Contrology and Your health
ISBN 978-85-7655-239-0

1. Pilates, Método. 2. Exercícios físicos. 3. Cuidados pessoais com a saúde. I. Título.

09-2977.	CDD: 613.71	
	CDU: 613.7	
19.06.09	24.06.09	013355

Impresso no Brasil

Printed in Brazil

Prefácio à edição brasileira

Com imenso carinho e orgulho, escrevo esta introdução à primeira edição brasileira dos dois livros escritos por Joseph Hubertus Pilates, em 1934 e 1945, e comemoro a chegada desta tradução, que é uma expressiva aquisição para todos os interessados em aprofundar seus conhecimentos sobre o lendário criador do Método Pilates.

Este livro aborda aspectos relevantes para todos nós, apresentando o que Joseph Pilates denominou *Contrologia*, que irá auxiliar no entendimento das bases do Método Pilates. Apresenta-se um material inédito na língua portuguesa, relatando a filosofia defendida pelo autor revolucionário, incluindo fotografias que documentaram suas teorias.

Também nesta publicação autorizada, Joseph Pilates aborda a saúde e a qualidade de vida e como a atividade física tem papel fundamental na prevenção e na cura das doenças. O próprio Joseph Pilates descreveu: "A saúde não é apenas uma condição normal, e é um dever atingi-la e mantê-la" (p. 12).

Meu primeiro contato com a técnica deu-se em 1997, em Nova Iorque, durante um curso de aperfeiçoamento em dança moderna, quando resolvi conhecer o "famoso" método de condicionamento físico que os bailarinos americanos praticavam. Com a curiosidade aguçada, agendei minhas primeiras aulas. Imediatamente me identifiquei com o método e passei a frequentar o maior número possível de aulas, até o meu retorno ao Brasil.

Decidi, em 1998, iniciar o primeiro processo de certificação pelo The Pilates Studio e cumpri a carga horária requerida de estágios em Nova Iorque, ao lado de Romana Kryzanowska, uma das alunas de Joseph Pilates, a fim de aprender e aprofundar meus conhecimentos sobre a técnica. Assim, além de receber informações sobre o método em sua forma mais original, tive a grande oportunidade de ouvir relatos importantes sobre a vida de Pilates e seu trabalho, aguçando ainda mais minha vontade de transmitir essas informações aos brasileiros.

Em 2003, em busca de mais aprofundamento, iniciei o segundo processo de certificação pela Power Pilates®, também em Nova Iorque, e continuei a enriquecer meus conhecimentos ao lado de discípulos fiéis de Romana Kryzanowska, como Howard Sichel, quiropraxista e presidente da Power Pilates® (instituição que se dedica ao ensino da técnica original), que há uma década constata os benefícios na utilização do programa desenvolvido por Joseph Pilates na reabilitação de lesões, assim como Bob Liekens e Susan Moran-Perich.

Os depoimentos de pessoas que conviveram com Joseph Pilates, a bibliografia consultada, os vídeos, as fotografias e os seus livros foram essenciais para acumular todas essas informações e, hoje, imagino Pilates como um verdadeiro revolucionário para a sua época.

Durante as primeiras sessões e no primeiro curso de certificação, eu utilizava munhequeiras e proteção para as articulações dos joelhos, pois a fragilidade do meu corpo era notória. Gradualmente, pude perceber as alterações físicas e descobri o significado do famoso *powerhouse*. Finalmente, após um tempo de treinamento, compreendi por que os famosos bailarinos e coreógrafos como Ruth St. Denis, Martha Graham e George Balanchine, entre outros, tornaram-se praticantes do método e recomendavam-no aos seus alunos.

Nesse período de estudo e constante aprofundamento sobre a técnica e a vida de Joseph Pilates, aprendi a "amar" seus ensinamentos e a incorporá-los a minha rotina de exercícios e, desta forma, além da recuperação de frequentes lesões, pude dançar melhor, com mais agilidade, força e domínio dos movimentos.

Atualmente, sou diretora de um centro de formação no Brasil filiado à Power Pilates de Nova Iorque, professora nível *teacher trainer* da técnica desenvolvida por Joseph Pilates e fiel seguidora dos princípios e exercícios originais criados por ele. Com o intuito de aprofundar o entendimento científico, defendi, em 2004, uma dissertação sobre a técnica, publiquei um livro e diversos artigos científicos. Desde então, ministro palestras em conferências, *workshops* e cursos de pós-graduação, além dos cursos de certificação e educação continuada, a fim de divulgar e preservar os ensinamentos clássicos do Mestre e continuo a surpreender-me com a riqueza de informações em cada detalhe e, sobretudo, na sua eficiência.

O conhecimento dos textos escritos por Joseph Pilates é relevante para todos aqueles que pretendam trabalhar com a técnica, pois a criação do método se funde com a história do seu criador.

Esta tradução aborda aspectos de extrema relevância para todos nós; embora o texto original não tenha sido escrito de forma clara e concisa, a tradução é fiel ao estilo filosófico, metafórico e, muitas vezes, panfletário de Joseph Pilates. Recordo aos leitores que foram escritos em 1934 e 1945, em uma época em que não havia tantos conhecimentos científicos como atualmente, fato que não diminui sua importância histórica e de conteúdo. Também enfatizo que o inglês não era a língua materna do autor, fato observado na construção das frases, o que tornou ainda mais difícil o trabalho de tradução. O apoio de amigos, especialmente o de Florence Carmont, foi essencial para concretizar meu desejo dessa publicação brasileira.

Hoje é fascinante estudar como um método desenvolvido há tanto tempo nos ensina e prova, cientificamente, seus resultados formidáveis com princípios tão atuais e inovadores, sobretudo no que se refere à preocupação de Joseph Pilates quanto ao desenvolvimento da pessoa em sua totalidade.

Utilize seus sentidos para descobrir quando é a hora certa de progredir, não confie somente no seu intelecto. O Método Pilates revela, por meio do movimento, as fraquezas do cliente; sinta o que ele precisa, deixe-o se movimentar. Evite ficar "superanalisando" a condição corporal do seu cliente, sinta o que é a cura por meio do movimento!

Profa. Ms. Cecilia Panelli

Mestre em Pedagogia do Movimento e Motricidade Humana, bacharel e licenciada em Dança pela Unicamp. Integrante do corpo docente de cursos de pós-graduação em Pilates. Diretora do primeiro Centro de Certificação Filiado à Power Pilates® no Brasil, professora nível *Teacher Trainer* da Power Pilates®. Autora de livro e artigos científicos relacionados à sua linha de pesquisa sobre o Método Pilates.

Sumário

1934
Sua saúde

Joseph Hubertus Pilates

Dedicado à próxima geração de médicos e à Associação de Pesquisa Físico-Médica.

Agradecimentos

Aproveito para agradecer ao meu querido amigo, Nat Fleischer, uma importante autoridade norte-americana em esportes e Educação Física, por seu generoso auxílio e suas sugestões. Ele forneceu o estímulo adicional para continuar com o meu trabalho direcionado ao aperfeiçoamento na construção de equipamentos corretivos, destinados ao desenvolvimento correto do corpo. Também gostaria de dar meus sinceros agradecimentos a William J. Miller.

Prefácio

Todas as novas ideias são revolucionárias e, quando provadas por meio da aplicação prática, só é necessário tempo para que elas sejam desenvolvidas e se destaquem. Teorias tão diferenciadas simplesmente não podem ser ignoradas. Elas não podem ser deixadas para trás.

O tempo e o progresso são ou parecem ser termos sinônimos – nada pode pará-los.

A verdade prevalecerá, e por isso sei que meus ensinamentos atingirão as massas e, finalmente, serão adotados como universais.

Introdução

O *perfeito* equilíbrio entre corpo e mente é aquela qualidade do homem civilizado que não apenas lhe dá superioridade em relação ao selvagem ou ao reino animal, mas também lhe fornece todos os poderes físicos e mentais que são indispensáveis para o alcance do objetivo do ser humano – *saúde* e *felicidade*.

O objetivo deste livro é transmitir, de forma simples, as causas das atuais condições não saudáveis e imorais, além dos efeitos que delas resultam e impedem que o homem normal atinja sua perfeição física – um direito de nascimento.

Neste livro, o autor procura ensinar, por meio de vocabulário simples, o caminho para corrigir nosso atual e deplorável sistema de educação física e moral, e como cada um, pelo correto entendimento de seu corpo, pode ficar em forma para as suas tarefas diárias.

Joseph Hubertus Pilates. Esta fotografia foi tirada em seu aniversário de 54 anos. Dedicou-se por mais de trinta anos a estudos científicos, experimentações e pesquisas dos distúrbios que perturbam o equilíbrio entre corpo e mente.

Uma situação grave

Diariamente, do nascer ao pôr do sol, rádio, jornais e revistas transmitem ao mundo maneiras de manter e de recuperar a saúde – o que comer, beber e até mesmo o que pensar.

As diversas opiniões das autoridades de saúde provaram ser nada mais que uma confusão de informações aos milhões de ouvintes e leitores. Estes, infelizmente, têm de ouvir ou ler nos jornais e revistas os pontos de vista diametralmente opostos dos assim aclamados guardiões da nossa saúde, porque é raro que as suas propostas sobre ideias e métodos concordem unanimemente.

Para uma pessoa que devotou a maior parte de sua vida ao estudo científico do corpo e às aplicações práticas das leis da natureza, como as relacionadas ao desenvolvimento natural da saúde física e mental e à prevenção, em vez somente da cura da doença, as informações da mídia, com frequência, são quase criminosas. Por quê? Porque a aceitação de teorias tão avançadas, além de resultar no desperdício de milhões de dólares não declarados, o que é mais sério, também resulta na redução, em vez do prolongamento, do tempo de vida de muitas pessoas.

Quantas centenas de pessoas morrem prematuramente entre 35 e 59 anos quando, na verdade, deveriam viver de vinte a quarenta anos a mais, se tivessem compreendido e aplicado as regras da natureza para uma vida normal? Diariamente, ouvimos apelos por um número maior de hospitais, sanatórios, casas para deficientes, asilos para lunáticos, reformatórios e prisões!

Quem é o responsável por essa triste e abominável condição? Nossas denominadas autoridades sanitárias e nossos respeitados cientistas, cujas observações são aceitas como lei – são os primeiros que devem ser culpados, porque não cumprem sua missão para com a civilização!

No mundo prático universal, a ignorância sobre as pouco compreendidas e muito menos praticadas regras naturais da vida é consequência das condições em que nos encontramos. Culpo aqueles que estão no controle do nosso sistema de saúde por não corrigirem esse mal.

Os números podem ou não mentir, mas as estatísticas do Serviço de Exército e Marinha dos Estados Unidos durante a Primeira e a Segunda Guerra Mundial apontam a verdade e nos alertam sobre os caminhos da saúde que devemos escolher e aqueles que devemos evitar. O registro fala por si mesmo!

Por quanto tempo essa grave situação vai continuar?

Essa questão vital não merece maior atenção? Não deveríamos ter o mais vigoroso apoio, pelo menos, de um grupo selecionado de homens adequadamente vestidos, com autoridade e idealismo inerente, necessário para iniciar uma campanha de dedicação de apenas algumas horas a uma investigação imparcial das reivindicações mostradas neste livro, mesmo em vista das previsões negativas?

Provei o meu caso centenas de vezes para meus alunos e pacientes, mas aqueles que não esquecem as velhas teorias se recusam a tomar conhecimento dos benefícios do meu sistema. Por isso escrevi este livro, para que todos os interessados possam ler, digerir e saber o que, nos dias de hoje, está errado com a espécie humana, e como as doenças físicas podem ser curadas ou prevenidas.

Por meio de remédios? Não! Por meio de seus próprios esforços, do simples ato de se exercitar e das simples regras de saúde que PODEM E DEVEM ser observadas.

A verdade finalmente romperá as nuvens da ignorância e, uma vez na clara atmosfera, brilhará para sempre no céu azul do conhecimento.

A verdade vencerá – deve vencer.

Em vez de adotar uma política de passividade, é necessário ação para trazer à tona meus ensinamentos de saúde, força e felicidade por meio da prática de exercícios corretivos. Os exemplos de vida de seres humanos que no passado se encontravam "caindo aos pedaços" – física e mentalmente e que agora são tipos perfeitos de homens e mulheres – provam o meu trabalho. Investigue e descubra por si.

Posso dizer com segurança que as declarações a seguir, representando meu ponto de vista, podem ser demonstradas e provadas.

1. Não existe, hoje em dia (exceto meu próprio trabalho), nenhum outro sistema fundamental ou código padrão destinado a medir e a indicar o que realmente constitui a saúde normal. Meu método, nesse aspecto, é único e revolucionário. Ele se destaca por si só.
2. Nem mesmo a sociedade médica compreende como as leis naturais são aplicadas em um modo de vida normal, daí a razão pela qual essa profissão é falha em beneficiar a civilização com o ensino correto da preservação da saúde.
3. Hoje em dia, provavelmente não haja nem mesmo um professor residente, cientista ou doutor que realmente tenha uma saúde normal.
4. Provavelmente não haja uma enfermeira, um massagista, autônomo ou não, um especialista em Educação Física, falso ou verdadeiro, que possam explicar, correta e completamente, em que se constitui a saúde normal e quem é um exemplo de vida dessa filosofia natural de saúde.

5. Em vista dos fatos atuais, é humanamente impossível que essas autoridades desinformadas apreciem a condição, a aparência e as reações do corpo humano com uma saúde normal, em qualquer idade.

6. Os professores de nossas crianças, de forma geral, não apresentam uma saúde ideal e são totalmente incapazes de detectar e, consequentemente, de corrigir os hábitos não naturais e prejudiciais adquiridos por seus alunos.

7. Nem nossos atletas nem seus treinadores, com algumas exceções, encontram-se em condições mais favoráveis que a de outras criaturas. Estes não estão cientes dessa superioridade, que foi alcançada apesar da falta de informações sobre os métodos naturais praticados inocentemente sem este conhecimento, e não por causa disso. Eles atingiram esses níveis por intermédio de exercícios artificiais, a que recorreram para realizar suas ambições de atingir os níveis mais elevados da perfeição física, consequentemente levando-os a adquirir um equilíbrio maior entre corpo e mente do que o encontrado em uma pessoa comum.

8. Praticamente todas as doenças estão diretamente relacionadas a hábitos incorretos, que podem ser corrigidos apenas por meio da adoção imediata de hábitos corretos (naturais e normais).

9. No que diz respeito à saúde física, os esforços atuais dos nossos chamados departamentos de saúde são em vão.

10. Essa condição prevalecerá até o reconhecimento de um padrão de Educação Física lógica, baseada nas leis naturais da vida e aplicada na coordenação das atividades físicas e mentais que levam ao desenvolvimento inteligente de uma saúde normal.

11. Podem ser prevenidas todas as tuberculoses e problemas como: pernas arqueadas, joelhos para dentro, pés planos, curvatura da coluna, doenças cardíacas, além de uma

grande variedade de doenças de menor importância (o que não é possível com os métodos atuais).

12. Por exemplo, os milhões de dólares desperdiçados na compra e na manutenção de equipamentos nas academias poderiam ser mais bem empregados no treinamento de professores, transformando-os em exemplos reais saudáveis, e não apenas em meros pregadores do que deveria ser a saúde normal (isso se eles realmente soubessem).

13. Atualmente, os milhões de dólares gastos em alimentos supostamente saudáveis, ou em discussões e reportagens sobre saúde são simplesmente desperdiçados porque as teorias não podem ser provadas.

14. Se apenas uma fração muito pequena do dinheiro gasto fosse aplicada na direção correta, seria atingido o objetivo mais desejado: restaurar a saúde normal e natural da população.

15. Século após século, persistimos em sentar-nos e deitar-nos em cadeiras e camas construídas sem uma base científica.

16. Apenas hoje a ciência descobriu que a causa real da nossa incapacidade de descansar reside no fato de que nossas cadeiras, bancos e camas são desenhados de tal forma que o conforto e o relaxamento dependem da mudança constante de posição.

17. Nossas cadeiras, bancos, sofás e camas são desenhados com qualquer outro objetivo que não o de descansar, relaxar ou dormir – eles são, na realidade, a causa principal dos nossos numerosos hábitos posturais incorretos e prejudiciais.

18. Assim como cadeiras e camas, nosso treinamento físico e os esportes relacionados à saúde são malcompreendidos.

19. Apenas por meio da aquisição de um equilíbrio perfeito entre corpo e mente uma pessoa pode apreciar o que realmente constitui uma saúde normal.

20. Por 25 anos, conduzi estudos científicos e práticas com meu corpo e os de meus alunos, e os resultados completos das minhas pesquisas são agora incorporados ao meu trabalho sob o nome de *Contrologia*. Ela representa um breve sistema de Educação Física e é apresentada como uma nova arte e ciência que, se for universalmente adotada e ensinada nas instituições educacionais, muito auxiliará a eliminar o sofrimento nos hospitais, sanatórios, casas para deficientes, asilos para lunáticos, reformatórios e prisões. Ela também transformará as palavras *saúde* e *felicidade* em termos que indiquem não apenas condições teóricas, mas condições reais.

Todos os que têm coragem devem investigar os méritos das minhas declarações a favor da *Contrologia*, para seu próprio bem e para o bem da humanidade.

2

Saúde – uma condição normal e natural

De modo geral, quanto menos uma pessoa falar sobre saúde, melhor para sua saúde. Ela não se constitui apenas de uma condição normal, e é nosso dever atingi-la e mantê-la. Se os seres humanos soubessem e obedecessem as simples leis da natureza, chegaríamos à saúde universal e ao "Milênio da Saúde".

Quem com boas intenções buscou e estudou métodos para diminuir os sofrimentos humanos desnecessários é forçado a diariamente observar que a maioria dos homens comete, sem saber, pecados graves contra a Mãe Natureza. Eles fazem isso como se as suas próprias vidas dependessem do sucesso de seus esforços, mas estão completamente inconscientes de que estão, na verdade, comprometendo e arruinando sua saúde futura.

Imagine os resultados bons e imediatos na vida de milhões de pessoas se a energia que agora é desperdiçada e utilizada de maneira prejudicial fosse direcionada, sem resistência, para o caminho natural – o caminho para a saúde normal!

Imagine quantos anos mais úteis e felizes seriam imediatamente adicionados às suas vidas! Imagine o quanto se aproveitaria da vida em sua máxima extensão!

Quantos de nós, ou melhor, quão poucos de nós percebem o que realmente significa a vida? Infelizmente, esse êxtase de viver é reservado e limitado somente a alguns que gozam de saúde normal – seu direito de nascimento!

Figura 2.1 – Este é um quadro instrutivo. Nele, podemos observar algumas das estudantes que vieram ao meu estúdio e que precisavam muito desenvolver o corpo para continuar com suas profissões. Elas são cantoras, atrizes e bailarinas profissionais. Eu as instruí e, depois de três meses seguindo meu sistema de exercícios corretivos, elas apresentaram forma e postura perfeitas, mostradas ao lado. Aqui, temos exemplos concretos dos benefícios derivados do meu método.

Embora se reconheça que nosso sistema moderno é responsável, em maior ou menor grau, pelos males de saúde atuais, não se pretende aqui indicar especificamente os culpados. Basta dizer que a maior parte dos homens e das mulheres inteligentes é tão absolutamente ignorante quanto às simples leis da natureza, que em sua busca lamentável pela saúde normal e pela felicidade, eles acabam "perambulando sem direção". "Caminham pelos vales dos pretensiosos", que levam apenas ao sofrimento, à miséria e à morte, em vez de escalarem até o pico da montanha do bom-senso, que leva à saúde, à felicidade e à vida normal.

Se na vida o "viajante" debilitado não fosse seduzido por essas "miragens" e falsas esperanças, não seria lógico pensar que ele as ignoraria completamente e corajosamente se encaminharia na direção oposta? Mas quem está ali para alertá-lo contra essas miragens e guiá-lo para o "oásis" que é o conhecimento da saúde normal? Essas condições deploráveis não podem ser atribuídas ao desejo de entender as leis naturais, nem as suas aplicações práticas ou benéficas para o alívio das doenças da humanidade – um entendimento que realmente corrige as causas, mais do que simplesmente tratar os sintomas.

Nunca na história tanto *tempo* e *dinheiro* foram gastos para atingir uma perfeição física normal do que na era de hoje! Nunca as tentativas vãs para obter uma saúde normal foram tão justificadas como hoje!

Grandes vitórias militares, triunfos morais, conquistas científicas e progresso industrial estão gravados para sempre na memória dos homens!

Homens de negócios, durante e após a guerra, ficaram tão preocupados em acumular fortunas que acabaram não dedicando tempo suficiente para cuidar de sua saúde. Tardiamente perceberam que essa conquista dos bens materiais sem reflexão e sem cuidado sacrificou a joia que não tem preço: a felicidade mental "coroada" com a saúde normal. Além disso, notaram que seus parentes e amigos que seguiram "o caminho mais fácil" para a fortuna sempre reclamavam do estado ruim de sua saúde. Reduziram seu tempo de vida repleta de exageros com constante dor física ou sofrimento mental, ou ambos. Em muitos casos, faleceram na melhor parte da vida.

O corpo malcuidado, resultante da negligência no passado, eventualmente cobrará com juros: os executivos terão suas fortunas para contemplar, mas sem os benefícios e prazeres oferecidos aos outros homens com saúde normal, rica e abençoada. A lição mais amarga foi aprendida – porém tardiamente!

Enquanto os executivos perceberam que "todo mundo é arquiteto de sua própria felicidade", também aprenderam que a felicidade depende principalmente de uma saúde normal, e não apenas da mera conquista de uma posição social ou de riqueza monetária. Eles aprenderam por meio da experiência prática.

Não seria natural esperar que, em meio a essas circunstâncias convidativas, os denominados especialistas da saúde, os proprietários de medicamentos patenteados e os fabricantes de várias formas de aparatos mecânicos – lâmpadas, patins, cintas de massagem, máquinas de remo, soros e outras injeções – convencessem os mais fracos por meio de sua propaganda? Cada charlatão assegura em público que seu método é o *único* possível na restauração rápida da saúde de uma pessoa e concentra todas as suas energias mercenárias para se aproveitar dos infelizes, que pagam quantias sem garantia por tratamentos, remédios e serviços. Tais tratamentos, além de não levarem aos resultados desejados, acabam muitas vezes prejudicando mais do que favorecendo. No entanto, as propagandas só mostram os benefícios às inocentes vítimas.

A que leva esse contrassenso? Eles tiram dinheiro do público sem dar o benefício correspondente e, com muita frequência, aumentam seu sofrimento e sua miséria.

É muito duvidoso que uma pessoa realmente sadia e inteligente sequer pense em tentar provar que qualquer uma dessas "curas" altamente recomendadas melhore ao menos um pouco a saúde de qualquer pessoa e, menos ainda, que alcance a cura.

Desculpe por este pensamento – mas não é "idiotice", no sentido figurado, permitir que uma pessoa seja influenciada por esses exploradores mercenários, sem escrúpulos e irresponsáveis, que por meio de suas propagandas enganosas, falsas referências e métodos inescrupulosos, vivem de rapina à custa da credulidade cega do público? Pense nisso! Você trabalha muito!

Mágica *é* mágica, não importa o nome que se queira dar!

Em condições ideais (verdadeiras), não apenas o público geral, mas também os médicos terão uma vida normal.

Pensando em uma humanidade sofrida e olhando para o futuro, é excitante, para aqueles que têm uma saúde normal, imaginar o momento em que os que prometem curar terão, por lei, a obrigação de demonstrar a eficiência de seus métodos por meio de suas próprias condições físicas e de saúde.

Estou pronto para tal teste. Meu método provou ser satisfatório em todos os detalhes. Meu curso pode suportar o rigoroso teste dos especialistas mais exigentes.

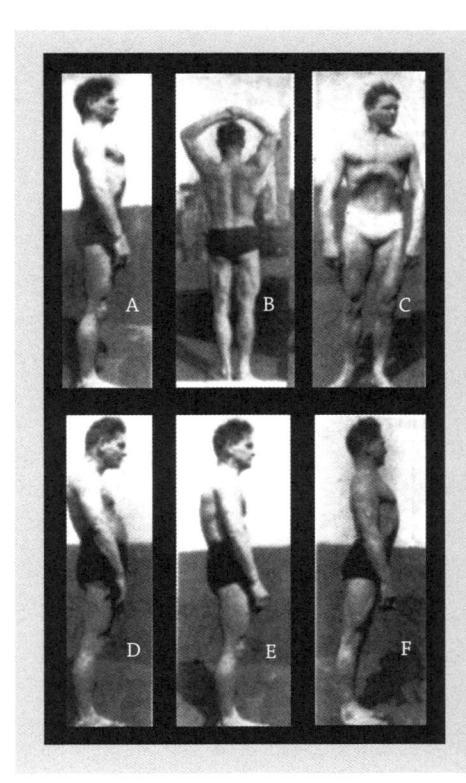

FIGURA 2.2 – Aqui podemos observar as maneiras correta e incorreta de ficar em pé. Observe a postura em cada figura. Na parte superior, temos três posições: (A) lateral, (B) posterior e (C) frontal. Observe o corpo perfeito. Abaixo, o autor posa primeiro em (D): postura incorreta, cifótica; (E): postura incorreta de um atleta que tem ombros largos e é musculoso; (F): a postura comum de 95% das pessoas, mostrando a barriga saliente (e uma dupla curvatura da coluna, tanto na região lombar como na cervical).

Condições horríveis

Ao contrário da opinião geral e da crença popular de que a mente é a mestra absoluta do corpo, como dizem os cientistas cristãos e outros, e de que o corpo é o mestre absoluto da mente, como dizem os modernos educadores físicos e os treinadores que concentram seus esforços somente no desenvolvimento de músculos do corpo com máquinas e outros aparatos, nenhuma das teorias é a solução correta para os nossos problemas de saúde vindos de séculos atrás.

Entretanto, é discutível que a correta solução para as nossas doenças atuais possa estar apenas no reconhecimento de que o desenvolvimento normal do corpo e da mente é possível, não colocando o corpo contra a mente ou vice-versa – o que resultaria na concentração apenas em um ou no outro, como aqui indicado –, mas reconhecendo as funções mentais e as limitações físicas, para que a completa coordenação entre eles possa ser conquistada.

A teoria que eu defendo é segura, sadia e profunda, enquanto as outras soam mais ou menos inseguras e sem profundidade. Diariamente esse fato é comprovado quando se publica nos jornais o falecimento de alguns dos nossos mais proeminentes homens e mulheres, educadores, cientistas, inventores, médicos, industriais, bancários, políticos, atores, advogados e artistas, frequentemente na melhor fase de suas vidas. Infelizmente, apenas quando eles estão atingindo o auge de sua vocação e quando a morte os surpreende é que o mundo percebe o valor de seus serviços.

Muitos deles sofreram agonias imensas silenciosamente durante anos, estimulados pela ambição de alcançar seus objetivos. Enquanto eles e suas famílias sabem plenamente de sua condição, o público em geral está em total ignorância. Esses mártires das falsas doutrinas de saúde falecem jovens, suas famílias ficam desoladas, seus amigos ficam angustiados e o mundo sofre desnecessariamente uma perda irreparável com sua morte.

Não é notório que muitos dos nossos mais populares treinadores, denominados erroneamente de "especialistas em Educação Física", atletas e campeões sofreram por anos os mais variados tipos de doenças, especialmente quando passaram pela terrível experiência das doenças cardíacas. De fato, muitas dessas pessoas vieram a falecer antes mesmo de terem atingido o auge de suas vidas, e outras morreram exatamente nessa fase.

Exceto em casos de acidentes, esse recorde não indica que, apesar da confiança expressa em suas teorias e métodos – e é preciso dar-lhes o benefício da dúvida –, eles estão errados em seus ensinamentos? Em vez de melhorar sua própria saúde e de prolongar suas vidas pela prática de suas teorias e métodos, estão prejudicando sua saúde e encurtando suas vidas, como demostrado por suas próprias mortes e pelo recorde de longevidade por outras autoridades de atividade física, cujas teorias e métodos são diametralmente opostos às deles. O sistema do último exemplo deve ser correto, já que a aceitação da prática de suas teorias e métodos, por outros e por eles mesmos, resulta em saúde melhor e vida prolongada – algumas vezes excepcionalmente mais longa. Esse é o verdadeiro argumento para adotar este método.

Poucos expoentes da Educação Física podem provar que suas doutrinas resultarão em uma vida mais longa e mais feliz do que a daquele que nunca se entregou a qualquer tipo de exercício artificial.

Muito poucos desses educadores físicos praticam até sessenta anos ou mais o que pregam na juventude, e poucos deles podem comprovar suas afirmações como refletidas nas condições de seus próprios corpos quando chegam a essa idade, isso se eles viverem por tanto tempo.

Seria extremamente difícil encontrá-los, pois não há muitos deles para se encontrar. Uma investigação imparcial desvendaria essa questão.

Agora é o momento de promover um comitê de personalidades influentes para investigar o triste e deplorável estado de ignorância em relação a uma das mais simples, se não a mais simples de todas as leis da natureza – equilíbrio entre corpo e mente –, e à ausência de sua aplicação prática no nosso atual programa de Educação Física e treinamento.

Neste tempo, em virtude do crescente treinamento mental, o sistema humano é cada vez mais dependente da vitalidade do corpo, a qual, por si mesma, depende da absoluta coordenação entre corpo e mente – equilíbrio perfeito!

O que é o equilíbrio entre o corpo e a mente?

É o controle consciente de todos os movimentos musculares do corpo. É a correta utilização e aplicação dos princípios mecânicos que abrangem a estrutura do esqueleto, um completo conhecimento do mecanismo do corpo e uma compreensão total dos princípios de equilíbrio e gravidade, como nos movimentos do corpo durante a ação, no repouso e no sono.

Sem esse conhecimento, denominado *Contrologia*, a perfeição física que resulta em uma vida normal não pode ser obtida, e a morte precoce não pode ser evitada.

A não ser que o sistema atual, que ignora a arte e a ciência da *Contrologia*, seja relegado a segundo plano, podemos prever com segurança que teremos mais sucesso na aquisição do que é prejudicial, em detrimento do que é benéfico.

Entretanto, se a arte e a ciência da *Contrologia* fossem universalmente aceitas e praticadas, as pessoas poderiam prever com segurança que a angústia mental e o sofrimento físico diminuiriam progressivamente de geração para geração, e a vida seria um prazer real, ao contrário do rumo tomado nesse momento, para muitos de nossos semelhantes.

Dessa forma, recomenda-se que o conhecimento da ciência e da arte da *Contrologia* seja adquirido por todos. Essa metodologia é baseada em lições aprendidas a partir de uma longa vida de estudos sobre os princípios subjacentes que regem as leis da natureza.

Vale dizer que os hábitos incorretos são responsáveis pela maior parte de nossas doenças – se não por todas elas.

Também é verdade que, apenas por meio de uma educação apropriada, no tempo necessário, dependendo da condição e da idade de cada um, é possível corrigir os maus hábitos e trocá-los por bons. Enquanto o custo é insignificante, a pessoa se assegura de que vá recuperar a saúde e renovar a felicidade.

Onde essa informação pode ser obtida? Quem é qualificado para fornecê-la?

É melhor que não se manifeste aquele que critica qualquer coisa sem oferecer algo construtivo e comprovado.

Um idealista e humanista tem o dever de criticar construtivamente nossos atuais sistemas de Educação Física e treinamento e de provar, por meio de demonstrações em seu próprio corpo e no de seus discípulos e alunos, que eles são muito prejudiciais. Deve apoiar uma mudança imediata, para que os nossos sistemas atuais se tornem as novas teoria e prática corretas.

A seguir, o autor demonstra resumidamente, na Figura 3.1, os princípios gerais de suas teorias e métodos acerca do equilíbrio entre o corpo e a mente, em que se baseiam a ciência e a arte da *Contrologia*. Ele se oferece para demonstrar a verdade de suas declarações a qualquer pessoa que queira cooperar com uma visão mais ou menos altruísta e filantrópica no objetivo de espalhar as doutrinas de seu sistema, bem como para oferecer informações mais detalhadas a respeito de suas ideias pessoais sobre as questões "tensão" e "relaxamento", relacionadas com a aquisição e a manutenção da saúde normal, para que todos se beneficiem.

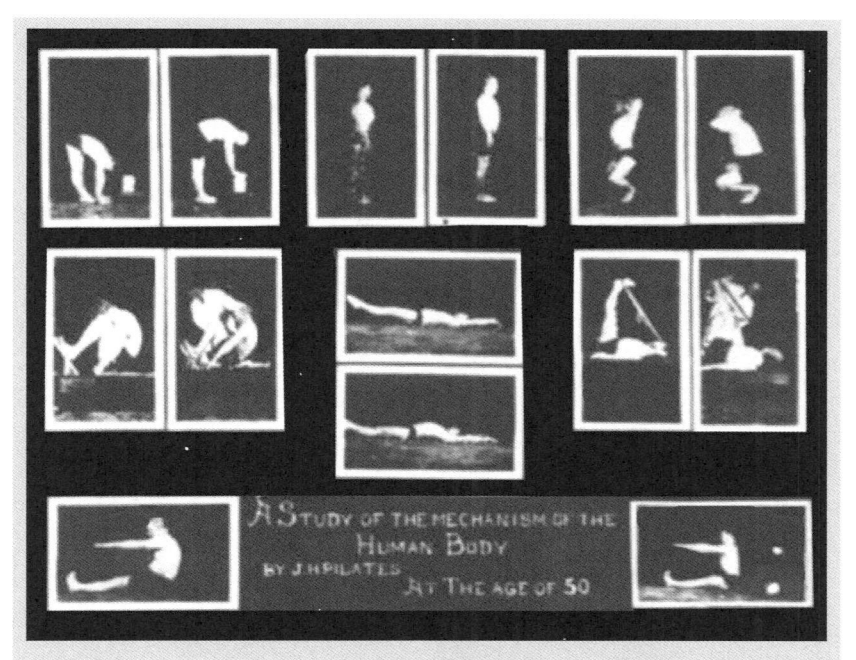

FIGURA 3.1 – Neste quadro, você vê um aluno e um professor demonstrando o uso correto e o incorreto do mecanismo humano. Observe detalhadamente cada foto e veja como o corpo pode ser beneficiado por meus exercícios corretivos.

4
Rumo ao declínio

Estamos seguindo um caminho de decadência?

Não, não estamos trilhando o caminho do declínio, mas "correndo" desordenadamente rumo à decadência. Estamos rumando em direção à destruição final da raça humana no que diz respeito a tomarmos consciência do objetivo almejado de atingir o "Equilíbrio entre Corpo e Mente".

Há apenas um remédio. A mídia pública precisa gerar interesse, a fim de que a ciência se obrigue a "parar, olhar e ouvir", pelo menos durante tempo suficiente para uma investigação de minhas informações sobre o simples, sadio, seguro e sério método para adquirir e manter uma saúde normal para todos. Tal investigação provaria que meus ensinamentos beneficiarão a humanidade, em vez de permitir que ela seja explorada pelos inescrupulosos.

A ciência poderá, em um mesmo momento, eliminar a pobreza, a doença e a infelicidade se investigar tudo e não se preocupar apenas com questões mais imediatas, aventurando-se além do horizonte de seu atual e estreito ciclo de atividade ortodoxa. Apelo às pessoas inteligentes que coloquem um ponto final no velho sistema e explorem meu sistema científico de aquisição e manutenção da saúde.

Com o avanço da civilização, deveríamos ter cada vez menos necessidade de construir novos presídios, asilos e hospitais. Mas esse é o caso na era de hoje? Certamente não! Ensine a espécie humana a se cuidar corretamente e você poderá se livrar dessas instituições abomináveis.

Que triste comentário acerca de nossa civilização saber que essa deplorável "praga" pode ser aniquilada se for propriamente tratada! É um crime pensar que a "cura" é oferecida, mas não é aceita por causa da política e da inveja!

Por que exaltar essa época da ciência e da invenção, que produziu tantas maravilhas, quando, em uma análise final, percebemos que o homem está correndo atrás do progresso material e da perfeição, negligenciando inteiramente a mais complexa e maravilhosa de todas as criações – o próprio homem?!

Se o homem dedicasse tanto tempo e energia a ele mesmo como ele devota ao que produziu, teríamos um progresso inacreditável, que eclipsaria tudo o que foi conquistado com sucesso.

O homem deveria ter em mente a expressão grega "nem muito, nem muito pouco" e refletir sobre ela.

O homem se descuida, destrói sua eficiência física e mental e tende a enfraquecer gradualmente sua moral, o que resulta no crescimento da desonestidade e da imoralidade, na perda de todas as perspectivas verdadeiras de suas responsabilidades consigo e também com seus companheiros, além da perda do idealismo e da cultura ética. Isso não são apenas palavras – são fatos.

A civilização é responsável pela atual condição física e mental do homem? Essa questão não será muito difícil de responder, se tentarmos olhar com os olhos do Criador.

Considerando que, se a ciência moderna e a civilização não beneficiam materialmente o homem selvagem no que diz respeito a melhorar sua capacidade mental, pelo menos eles não são prejudicados ou "mutilados" do ponto de vista de seu desenvolvimento físico. Esse fato pode ser rapidamente demonstrado ao se comparar a condição física de um homem "civilizado" com a de um selvagem.

Logicamente, o homem deveria desenvolver sua condição física simultaneamente com o desenvolvimento de sua mente – nenhuma das duas deve ser sacrificada pela outra; caso contrário, o equilíbrio do corpo e da mente não é atingido. Essa falta de harmonia entre a saúde física e a mental é responsável pela infeliz condição física e mental do homem atualmente.

Se o homem continuar se descuidando ou dependendo das curas por meio dos atuais métodos ortodoxos, ele se perderá cada vez mais com o passar do tempo.

É preciso realizar pesquisas diferentes e radicais, para que as leis da natureza sejam descobertas e aplicadas, a fim de assegurar ao homem seu direito de nascimento: o equilíbrio mental e físico.

NÃO MENTE *OU* CORPO, MAS MENTE *E* CORPO!

Testemunhe o esplêndido tipo físico e a força bruta do selvagem – seu corpo distribuído proporcionalmente é a quintessência da beleza física – de qualquer forma, a força muscular atingiu a superioridade.

Olhe para o tipo físico mais ou menos deformado, com a correspondente falta de força, do homem civilizado comum. Seu corpo desproporcional geralmente não agrada a um olho crítico. No entanto, em seu caso, o cérebro atingiu a superioridade.

Aquilo que falta no desenvolvimento mental do homem selvagem falta no desenvolvimento físico do homem civilizado. Se suas deficiências físicas e mentais fossem trocadas entre si sem a perda correspondente das propriedades físicas e mentais de cada um, a condição física e o estado mental ideais poderiam ser atingidos – o equilíbrio corpo e mente seria alcançado. Tal troca criaria uma espécie de ser humano perfeito!

Em geral, o tipo físico do selvagem se aproxima do das feras, enquanto o homem civilizado fica fisicamente abaixo, mas, mentalmente, muito acima das feras.

Tudo de que precisamos ao viajar na "estrada da vida" é traçar a própria vida do momento do nascimento à juventude e à meia-idade, para descobrir o que prejudica o equilíbrio físico e mental. Depois, será relativamente fácil reconhecer e entender as causas e corrigi-las de acordo com as leis infalíveis da natureza. Estude seu corpo, conheça seus pontos bons e ruins, elimine os ruins e melhore os bons. Qual será o resultado? Um homem perfeito física e mentalmente.

Antes de tentar modificar ou reformar qualquer método ou prática estabelecida, precisamos saber o que é errado para sugerir o que pode ser correto. Francamente, a verdade é que a criança comum nasce de pais cujo equilíbrio físico e mental foi desordenado ou, talvez, nunca atingido. Geralmente, esses pais têm defeitos físicos que nem conhecem, às vezes externamente, outras vezes internamente, e às vezes ambos.

Esses defeitos físicos e orgânicos têm efeito sobre seus filhos e, geralmente, são hereditários. Uma grande porcentagem das crianças nasce em condições não naturais, muitas outras sofrem dores torturantes durante o parto e, muito frequentemente, têm suas vidas sacrificadas.

Em um parto tão desfavorável, as crianças literalmente nascem para sofrer, e muitos dos sofrimentos desnecessários são resultantes da condição física dos pais.

Eis algumas das maiores falhas do homem, que resultam em crianças doentes, fracas, com malformação dos braços, dos pés etc.:

- alimentar as crianças com substitutos artificiais do leite materno;
- alimentar as crianças quando não estão com fome;
- vestir as crianças com excesso de roupas quando não estão com frio;
- forçar as crianças a ir para a cama quando não estão com sono;
- estender e flexionar os braços e as pernas das crianças quando não estão prontas para estendê-los ou flexioná-los;
- forçar as crianças a ficar em pé quando não são fortes o suficiente para sustentar o peso do próprio corpo;
- forçar as crianças a andar quando não são fortes o suficiente para controlar seus movimentos físicos;

- forçar as crianças a se sentar em cadeiras para descansar (impossível com as cadeiras de hoje em dia) quando não querem e preferem se agachar no chão, como na antiga moda turca;
- forçar as crianças a ficar fisicamente inativas se elas são inclinadas a ser fisicamente ativas;
- proibir crianças mais velhas de subir em árvores ou pular cercas quando essas são suas tendências naturais;
- forçá-las a ficar quietas quando elas estão desesperadas por atividade;
- forçá-las a estudar o que não lhes interessa, o que as leva a fingir que estão estudando simplesmente para agradar aos seus pais "cegos";
- ensiná-las a mentir quando sua inclinação natural é dizer a verdade;
- com muita frequência e propositalmente, elas não recebem a informação correta e lhes são ensinadas coisas que não entendem;
- vaciná-las com "veneno" para se manterem saudáveis;
- forçá-las a engolir laxantes, em vez de buscar um exercício natural para evitar a prisão de ventre;
- em nossos dias de puritanismo lascivo, as crianças não têm informação ou são mal-informadas propositalmente sobre sexo, mas têm permissão de buscar tal conhecimento de modo prejudicial, nas ruas e em outros locais, arruinando seu corpo e sua mente; a masturbação, em ambos os sexos, é o resultado de tal tratamento dado às crianças;
- depois de completarem seus estudos escolares, elas são forçadas a estudar profissões ou a aceitar certos empregos, pois seus pais decidem, em sua "infalível sabedoria", o que é melhor para elas e, com exceção de raros casos de rebeldia contra a autoridade dos pais, as "vítimas" deixam de lado seu destino, em detrimento de si mesmas e da sociedade;
- as crianças são impregnadas com o pensamento de que o sucesso é medido pela aquisição do dinheiro e que, consequentemente, seu objetivo deveria ser tornarem-se ricas o mais rápido possível;

- da mesma maneira, as crianças são forçadas a passar pela rotina estabelecida para sua educação física, cujo sistema de treinamento é mais ou menos mecanicamente seguido, sem um entendimento e com uma falsa impressão de que essa rotina está favorecendo sua saúde.

Milhões e milhões de pessoas vivem, do berço ao túmulo, sem realmente se conhecerem e saberem o que acontece ao seu redor.

Se elas têm familiaridade com o adágio grego "conheça a ti mesmo", ele praticamente não é aplicado em suas vidas.

Essas crianças, na vida adolescente e adulta, não têm uma iniciativa normal, apetites, paixões, e do estresse da competição, lentamente despencam para um nível baixo, nunca experimentando as opções da vida e a glória de uma conquista de sucesso e nunca aproveitando os frutos de uma vitalidade e saúde brilhantes, que deveriam ser delas se os problemas da vida e o controle correto do corpo tivessem sido ensinados.

Mais tarde, quando sua vitalidade estiver em "maré baixa", elas começarão a se apoiar em suas extremidades, sua pressão corporal se tornará anormal – sua cabeça ficará muito quente e seus pés e mãos, muito frios – sua mentalidade crescerá e diminuirá e elas serão mais ou menos como "cabides animados". Esse é um problema sério. Pense nisso. Essa questão merece a consideração de todos.

Novamente, elas são influenciadas a juntar-se a times atléticos, submetendo-se a um regime de treinamento mais ou menos brutalizante, geralmente concentrando todos os seus esforços no desenvolvimento físico do corpo e na aquisição de força física, sem relação alguma com a aquisição e o desenvolvimento de um controle mental. Elas são treinadas para fazer acrobacias para as quais seu corpo não tem a forma física necessária. Enquanto seus corpos são desenvolvidos de forma anormal, seu controle mental é absolutamente negligenciado.

É esse tipo de instrução que você quer para seus filhos? A espécie humana não seria melhor se tal sistema fosse abolido?

Você não acha que todas essas violações das simples leis da vida nos levam a um caminho descendente? Ofereço à espécie humana, no lugar dos atuais métodos ortodoxos, algo revolucionário em caráter e resultados: *equilíbrio do corpo e da mente* por meio do estudo e da prática da ciência da *Contrologia*. Meu sistema desenvolve o corpo e a mente simultânea e normalmente em casa, começando na infância, estendendo-se gradual e progressivamente pelos dias de escola e universidade até chegar à maturidade.

Será que aqueles que seguem o sistema de arruinação aceitarão meu novo e revolucionário sistema de treinamento? Não até que a opinião pública force-os a tal, para que eles saibam que, tão logo meu sistema seja aceito de modo geral, ele significará o fim dos médicos pretensiosos e dos delinquentes que não teriam coragem de passar pelo treinamento oferecido por eles como processo de formação da saúde.

5

Remédios de bom-senso para doenças humanas comuns!

Conscientemente ou não, é fato que, no curso de nossas atividades diárias, se temos uma vida normal, recebemos os benefícios de exercícios naturais – aqueles feitos em cada movimento. Essas atividades funcionais bastante necessárias, experimentadas por pessoas que têm uma vida normal, acabam com a necessidade de fazer qualquer tipo de exercício artificial.

É realmente uma falsidade acreditar que uma pessoa não possa ser forte e saudável sem ter, antes, de se forçar a treinamentos mais ou menos violentos. Mas, infelizmente, essa concepção errônea é tão arraigada na mente do público em geral que, provavelmente, seria preciso a onipotente força de uma divindade para acabar com essa falta de senso universalmente aceita em suas mentes.

No entanto, para que uma pessoa receba o benefício máximo e a saúde normal resultante de suas atividades diárias, ela deve entender pelo menos alguns dos mais rudimentares princípios que regem o mecanismo do corpo humano em ação, no descanso e no sono. Por exemplo, as possibilidades de alongar os ossos que compõem o esqueleto, a variedade e a limitação da tensão e do relaxamento muscular corretos, as leis do equilíbrio e da gravidade e, por último, como respirar corretamente. O conhecimento desses itens será essencial se quisermos nos beneficiar com qualquer tipo de exercício.

Como o público é desinformado ou mal-informado em relação a esses princípios, não pode beneficiar-se deles, o que é evidente quando uma pessoa perita em Educação Física mede a humanidade na questão da saúde normal. Se esse conhecimento fosse universalmente disseminado e o sistema necessário para a sua propagação, universalmente adotado, tanto pelos homens comuns como pelos profissionais e, em particular, pelas autoridades da saúde, que espécie humana esplêndida nós teríamos.

Novamente, a verdade simples é repetida: uma pessoa pode atingir e manter uma saúde perfeitamente normal sem precisar recorrer aos exercícios artificiais. Essa declaração parece ser totalmente comprovada quando uma pessoa observa a perfeição da forma física, da força, da graça, da agilidade, da resistência, da saúde e da longevidade no reino animal. Com o homem é o contrário.

O exercício natural induzido instintivamente por tal "vida" tem alguma coisa a ver com a obtenção e a manutenção uniforme de sua condição física ideal, como é refletido em sua beleza natural e saúde normal? A indulgência do exercício artificial tem alguma coisa a ver com a falha na obtenção, ou ainda pior, na manutenção de um nível semelhante de condição física ideal, como é refletido em sua beleza natural e saúde normal?

A vida animal se beneficiaria da troca de seu instinto pela habilidade humana de pensar? Ou o homem se beneficiaria da troca de sua habilidade de pensar pelo instinto animal?

Julgando por um estudo imparcial de suas respectivas condições físicas, uma pessoa precisa admitir que, se homens e animais trocassem seu instinto e sua habilidade de pensar, os animais dariam praticamente de graça seu direito de nascimento em troca de um "prato de sopa", enquanto o homem teria ganhos imensuráveis com a troca, pelo menos no que se refere à perfeição física.

Você já ouviu falar de um ginásio animal conduzido por animais para animais, com o objetivo de gratificar seu desejo ou necessidade de exercícios artificiais?

Não é verdade que os animais, em seu estado normal e em seu *habitat*, se exercitam naturalmente?

Os animais entendem as leis naturais e se regem de acordo com elas?

A resposta é sim, porque o instinto guia todas as criaturas viventes, incluindo o homem.

Você já observou de perto e com atenção os movimentos de um bebê recém-nascido? Se você estudou alguma coisa da vida animal, deve ter se impressionado com o fato de que, quando falamos de ações físicas e movimentos, os animais são homens e os homens são animais. Você observa isso nos movimentos de um bebê recém-nascido.

Tanto os animais como os homens se movem em cada direção e em todas as possíveis direções – a liberdade de ação do corpo é o mais importante. Esse constante desejo de mudança no movimento dos bebês é apenas uma manifestação de uma das muitas leis fundamentais da natureza – a lei da ação – à qual animais e seres humanos obedecem igualmente, sem impedimentos.

O instinto natural leva as mães do reino animal a permitir que a natureza "siga seu caminho", desde que a vida de suas crias não esteja em perigo. No entanto, se um dos membros de suas, às vezes, grandes famílias parece estar inclinado à preguiça e não às "brincadeiras", sua mãe não hesitará em forçá-lo a se mover, de forma que seus músculos possam ser propriamente desenvolvidos e fortalecidos por meio do aumento da circulação do sangue. Ela poderá até mesmo agarrar o "réu" pelo pescoço com a boca, chacoalhando-o e derrubando-o repetidamente no chão até que ele responda à chamada. Você já observou uma gata ou uma cadela e seus filhotes?

Quão diferentemente a mãe humana age!

Em vez de permitir que as crianças em crescimento tenham a oportunidade de obedecer livremente ao seu "instinto" natural,

como evidenciado em seu desejo de ação – constantemente se me-
xendo, agarrando e segurando objetos que estão ao seu alcance, estendendo e flexionando os braços e as pernas, engatinhando, brin-
cando na areia ou na grama até que seus pequenos músculos fiquem
naturalmente cansados para, depois, terem um sono saudável,
como é a intenção de outra lei da natureza –, as mães literalmente
"enchem o estômago" de suas crianças com comida, ultrapassan-
do sua capacidade. Depois "embrulham" as crianças em pedaços de
pano para cruelmente imobilizar as articulações do quadril e dos
joelhos (totalmente sem intenção e ignorantes ou mal-informadas
sobre o assunto). Para pacificar os protestos do filho contra esse
tratamento nada humano, a mãe depois balança a criança para dormir. Você acha que será um sono natural que os bebês terão? Não,
os pequenos inocentes estão com náusea ou meio inconscientes, ou
ambos, quando finalmente adormecem por exaustão.

Quão diferentemente a mãe animal age em relação à mãe
humana!

A mãe animal alimenta seus filhotes de acordo com seu instinto. Depois, ela permite que adormeçam, fazendo-os ocuparem
um espaço contra seu corpo quente, o que, além de dar aos pequenos a resistência corporal necessária para seu total conforto, também favorece o saudável magnetismo com o corpo de sua mãe, um
fator essencial e vital para o bem-estar de sua infância.

Não é necessário erudição para entender o que esses detalhes
significam; basta observar o que os "olhos veem" e usar o bom-senso no crescimento de nossas crianças. Se apenas uma pequena fração do tempo e do dinheiro gastos atualmente em pesquisas fosse
investida no estudo das várias violações das leis da natureza com
um objetivo educacional, imagine quanto mais poderíamos aproveitar e apreciar a vida?

Quem compreender a questão dessa discussão pode ser descul-
pado por tomar a liberdade de discutir questões que geralmente são
tratadas apenas por cientistas e doutores com diplomas. Qualquer
homem nascido livre e de bom-senso, abençoado pelo idealismo e

encorajado por razões humanitárias, instintivamente sente que é seu dever "atirar seu pão nas águas" (seu conhecimento), de forma que seus companheiros que ainda acreditam nas leis éticas que regem as relações humanas possam se beneficiar.

Todos são convidados – ninguém é barrado – para acompanhar aqueles que buscam o certo e o errado e para formar sua própria opinião. Nesse caso, uma pessoa começa sua viagem do conhecimento traçando-a da infância até a meia-idade ou a velhice, com a intenção de testar a veracidade dessas afirmações.

A criança que deixamos dormindo inocentemente em seu berço está agora bem acordada e deitada de costas, e, acredite se quiser, sem aquelas faixas enroladas em seu corpo e com sua fome já saciada, está conseguindo melhorar o movimento de suas pernas e braços livremente.

Não é estranho que agora, por uma razão ou outra, sintamos a mesma criança sem estar presa com as antigas faixas que paralisavam seu quadril e seus joelhos quando era colocada para dormir?

A maior parte das pessoas parece pensar que paralisar o movimento do quadril e das pernas das crianças com faixas é absolutamente necessário para que as pernas cresçam retas. Que bobagem!

Ninguém nunca ouviu falar de animais que utilizaram esse ou outros meios artificiais para esticar as pernas de seus filhotes. Os selvagens também não utilizaram esses meios. Mais do que isso, exceto em caso de acidente, encontramos o selvagem e o animal típicos em uma condição física normal, abençoados com corpos bem proporcionais, sem problemas nas pernas e nos joelhos, ou de dupla curvatura da coluna. Dessa forma, deveríamos chegar à conclusão lógica de que as deformidades que as crianças geralmente sofrem foram provocadas pelo terrível tratamento que receberam quando bebês.

Se o leitor tiver a ambição e a paciência de seguir essas discussões até uma eventual conclusão, pode ser finalmente convencido de que a tradição de enrolar o corpo da criança com faixas é realmente um dos primeiros e muitos maus hábitos a que pais ignorantes forçam suas crianças indefesas, uma condição pela qual as autoridades da saúde são responsáveis.

A típica criança normal que tem desejo instintivo de movimentar seus músculos naturalmente assumirá a posição do corpo em total e constante alongamento, estendendo e flexionando seus braços e pernas, movendo sua cabeça para cima e para baixo, girando para a esquerda e para a direita e vice-versa. Se for deixada quieta, manifestará um contentamento supremo, mas depois de um período mais ou menos prolongado nesse estado, começará a evidenciar que não está feliz e confortável e, se não receber ajuda, acabará chorando. Se o choro não produzir uma resposta imediata, a criança ficará exausta, a não ser que os pais intervenham e modifiquem sua posição, pois a criança não é forte o suficiente para fazê-lo sozinha.

Praticamente nove em cada dez mães afirmarão que a criança chorou porque queria ser carregada em seus braços. Essa explicação é parcialmente verdadeira, já que a criança imediatamente cessará o choro assim que suas pequenas pernas se encostarem ao corpo de sua mãe.

No entanto, esse é outro mito popular que precisa ser explorado. Por que uma criança realmente chora?

A resposta correta para essa questão pode ser rapidamente identificada. O experimentador deve deitar-se de bruços, na mesma posição da criança, e fazer os mesmos movimentos por um período entre 20 e 40 minutos. Ele saberá o que acontece e depois entenderá por que a criança não consegue relaxar e chora. Ninguém parece saber o que acontece, caso contrário essa crueldade teria sido abandonada há muito tempo.

No entanto, se a criança estivesse em uma cama normal – desenhada de acordo com os princípios fundamentais que regem o equilíbrio anatômico da estrutura óssea – ela poderia ficar deitada por horas em qualquer posição, sem ficar de mau jeito. Sem a vantagem de uma cama desenhada e construída cientificamente, a criança tem necessidade de mudar de posição a todo momento, primeiro para uma posição, depois para outra, de forma que, se ela for encontrada chorando enquanto estiver deitada de costas, o choro imediatamente cessará se ela for virada de bruços e vice-versa.

Essa mudança de posição é agora absolutamente necessária para o conforto da criança e, se mudanças forem feitas em intervalos mais ou menos frequentes, elas estimularão a criança a praticar seu exercício natural, tão essencial e de vital importância para o seu correto desenvolvimento. Esse procedimento resulta em contentamento e felicidade e permite que ela cresça forte e saudável.

Outro tratamento incorreto para crianças mais novas é forçá-las a ficarem sentadas quietas numa cadeira em um ângulo de noventa graus. O que realmente significa sentar-se quieto em nossa moderna sala de jantar, cozinha e outras cadeiras, mesmo que por um curto período, é algo que aqueles que conduzem as pesquisas de laboratório falharam em acertar. Eles certamente teriam desistido dos tipos atuais de cadeiras de séculos passados e teriam defendido a construção das cadeiras que eu inventei e recomendei.

Desafio qualquer pessoa a sentar-se quieta, sem poder se movimentar, por uma hora, em uma cadeira moderna. Logo aprenderá o que isso significa para uma criança. Os músculos ficarão tão contraídos, com cãibras e dormentes, que já não terão sensibilidade. Ninguém poderia realmente descansar dessa maneira, pois não é natural. Para encontrar a posição naturalmente correta, que assegure a máxima quantidade de repouso e conforto, sugere-se que a pessoa olhe ao seu redor e observe as posições geralmente assumidas pelas crianças quando são deixadas sozinhas.

Uma pessoa fica naturalmente em posições desconfortáveis? Claro que não. Então, por que não permitir que a criança fique "de cócoras" no chão, como um turco, um índio, um japonês ou um selvagem, cujas posições são, ao mesmo tempo, naturais, confortáveis e saudáveis?

As crianças mais novas preferem se sentar no chão e gostam dessa posição, movendo-se como ursos sobre as quatro patas ou engatinhando, assim desenvolvem os músculos maiores de suas costas, das pernas, da barriga e dos ombros.

Orgulhosos (e cruéis sem intenção), os pais interferem seriamente e rompem o curso natural do desenvolvimento corporal ao forçar as crianças a começar a andar ou a ficar em pé "retos" antes que os seus músculos tenham sido suficientemente desenvolvidos para suportar seu peso e antes que tenham a capacidade mental de controlar seu equilíbrio no movimento. As crianças não precisam da instrução dos pais ou de sua ajuda pela simples razão de que, se deixadas sozinhas, naturalmente tentarão ficar em pé sem cair e também aprenderão a andar sozinhas.

Forçar as crianças a seguir qualquer outro procedimento que não seja o normal, não importa quão bem-intencionado seja, é nocivo aos melhores interesses da saúde delas. A curvatura da coluna, as pernas arqueadas, os joelhos para dentro, a postura incorreta e os pés planos estão diretamente ligados a essas ideias incorretas. Têm a sua origem na deplorável ignorância de seus amados, mas ignorantes pais.

Quanto bom-senso ou instinto natural os animais têm a mais?

Quão diferente é o método deles de "criar" os filhotes?

Quanto prazer podemos ter ao simplesmente observar a mãe animal, principalmente a gata, dando lições de educação física a seus filhotes?

Que lição ela pode nos ensinar!

6

Contrologia

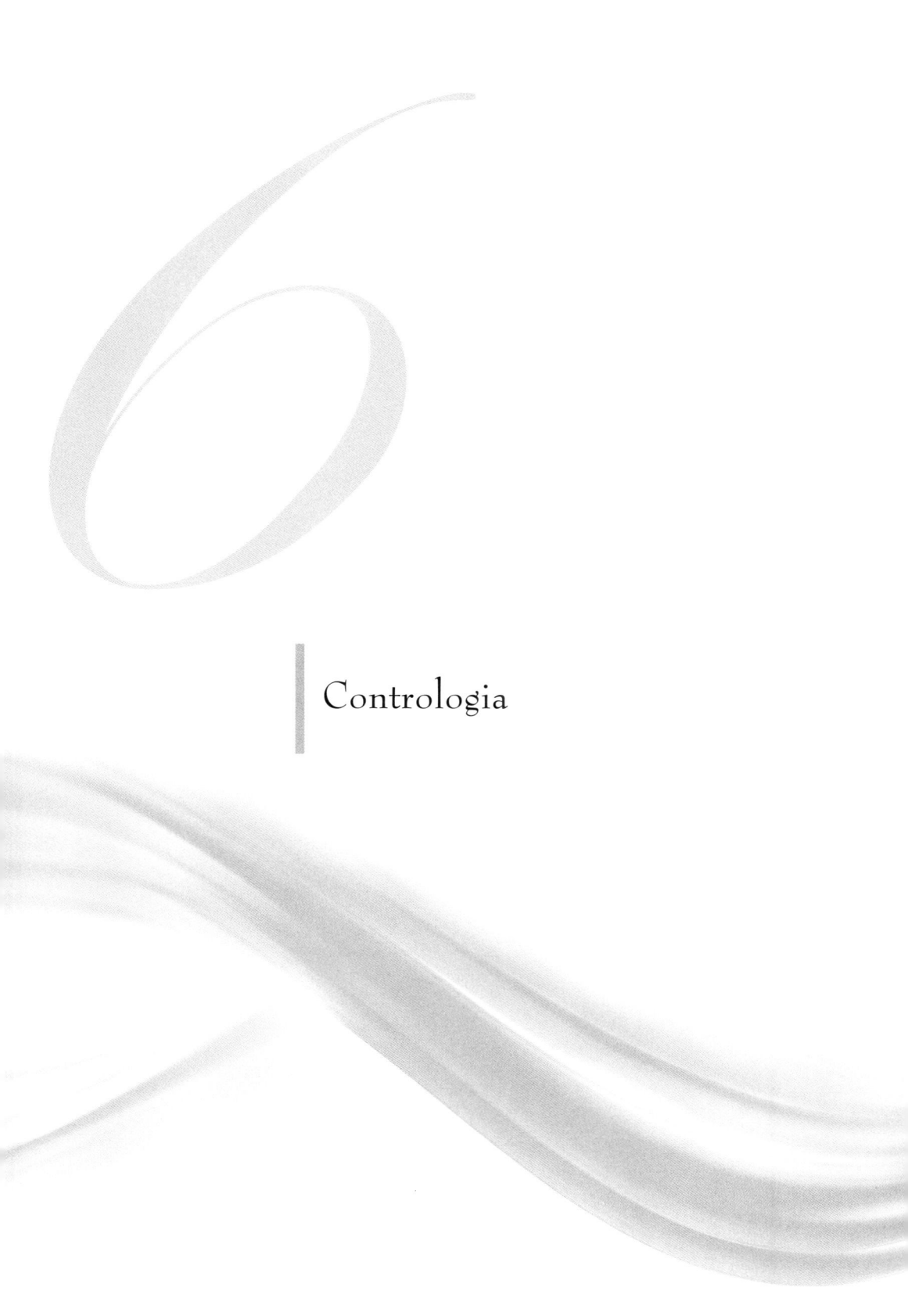

Os antigos gregos provavelmente sabiam melhor do que ninguém o verdadeiro significado do equilíbrio entre o corpo e a mente, como "palpavelmente" expresso na suprema saúde física, na felicidade mental e nas conquistas supremas ao longo da estrada do progresso humano. Eles acreditavam que a alma, por si mesma, é intrinsecamente ligada às funções físicas e às manifestações mentais do corpo humano.

Eles entenderam totalmente que, quanto mais próximo o corpo do estado de perfeição física, mais perto a mente estaria da perfeição mental.

Eles sabiam que o desenvolvimento simultâneo e igual da habilidade de uma pessoa em controlar seu corpo e sua mente de forma voluntária é uma lei suprema da natureza, e que o desenvolvimento desigual (anormal) do corpo ou da mente ou a rejeição de um ou de ambos resultaria no completo fracasso em realizar a primeira lei da civilização – (preservação da vida) – conquista e manutenção da perfeição corporal e mental. Na hipótese de esse tão desejado objetivo não ser alcançado, o corpo se tornaria, como aconteceu, um inimigo da mente e vice-versa, quando, na verdade, deveriam ser "amigos".

Ao contrário de muitos homens dos dias de hoje, os gregos religiosamente praticavam o que pregavam, como se pode testemunhar em seu maravilhoso estado de perfeição física, refletido em suas belíssimas estátuas.

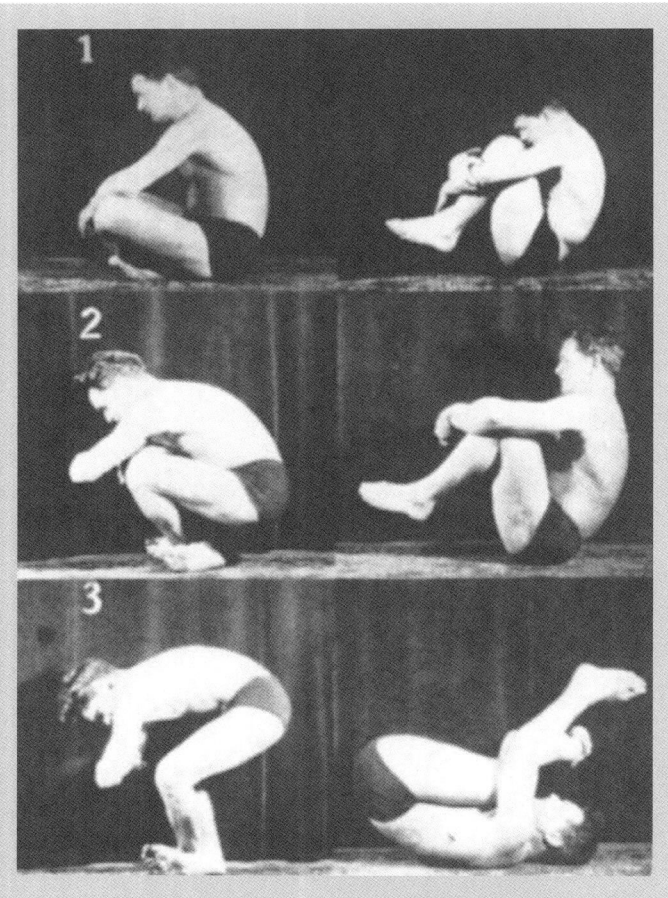

FIGURA 6.1 – Você já tentou descer ao chão passando de uma posição ereta para uma posição sentada? Tente. Está tendo dificuldades? É claro que está, porque há falta de coordenação. Observe as figuras, que mostram com que graça isso pode ser feito por meio da *Contrologia*. Note a perfeita curva, a elasticidade e a flexibilidade da coluna – o perfeito mecanismo do quadril, dos joelhos e das articulações dos tornozelos.

Em vista dos seus desenvolvimentos físico e mental únicos, não parece lógico que eles tenham se estabelecido como notáveis intelectuais e como os "raios", isso se eles não constituíram realmente o "eixo da roda" da civilização?

Infelizmente, para todos nós, a lição surpreendente dos gregos parece ter sido totalmente perdida para a civilização moderna. É uma pena!

Mesmo com todo o nosso progresso em muitas outras direções, acabamos, na verdade, retrocedendo dos altos padrões de estímulo simultâneo do corpo e da mente, tendo como referência o seu desenvolvimento harmonioso e científico. Assim, nos dias de hoje, estamos vivendo nas "selvas da doença e da infelicidade", enquanto, no passado o homem vivia nos "topos das montanhas da saúde e da felicidade". A força atlética dos gregos foi continuamente demonstrada publicamente em suas esplêndidas arenas, de forma que as massas podiam contemplar os corpos perfeitos e imitar os atletas.

Seus corpos desenvolvidos e bem proporcionais provaram ser uma inspiração para os escultores, que imediatamente reconheceram a "arte viva" diante de seus olhos e a perpetuaram nas clássicas estátuas de mármore gregas, que agora são exibidas em nossos renomados museus. Esse é um dos mais ricos legados deixados pela civilização grega para nós.

Os ancestrais gregos representam uma lição para nós, modernos, que não deveríamos negligenciar. Particularmente, nossas autoridades de saúde devidamente constituídas deveriam dar atenção a esse ensinamento de cultivo da saúde, pelo reconhecimento e pela prática dos princípios fundamentais que regem o equilíbrio entre corpo e mente, na conquista e na manutenção da perfeição física e mental, como os gregos fizeram.

O modo de vida prevalente entre os gregos foi, com certeza, totalmente diferente do atual. Eram amantes da natureza. Prefeririam comungar com a madeira, os riachos, os rios, os ventos e o mar, que, para eles, representavam músicas, poemas e dramas naturais, e apreciavam muito a vida ao ar livre.

Seus corpos não tinham de ser cobertos por roupas, como hoje em dia. Eles preferiam, de certa forma, expô-los ao ar revigorante e aos raios revitalizantes do sol, os quais, é claro, permitiam que o objetivo da perfeição física e mental fosse mais possível do que nos dias de hoje.

Se nossos atletas de hoje tentassem adquirir o sistema sugerido e praticado pelos gregos, seguramente prevê-se que, com o nosso conhecimento atual sobre *Contrologia*, eles não apenas alcançariam o mesmo alto padrão físico e a perfeição mental, mas também (por mais inacreditável que seja) ultrapassá-lo-iam, principalmente quando observamos a natureza humana "na sua totalidade" e a comparamos com os padrões "globais" estabelecidos na Grécia antiga.

Os hábitos naturais, em vez do treinamento e dos exercícios artificiais, manteriam uma pessoa em perfeita forma física e condição mental.

A seguir, explicarei brevemente os princípios gerais do equilíbrio do corpo e da mente – uma ciência à qual devotei muitos anos de estudo.

7

Equilíbrio do corpo e da mente

Uma mente sã que "habita" um corpo doente (50% de equilíbrio) é como uma casa que tem um bom teto de cobre, mas que foi construída sobre um terreno de areia.

Um corpo são que "abriga" uma mente doente (50% de equilíbrio) é como uma casa com um fundo sólido de pedra, mas com um teto de papel.

Uma mente sã que "habita" um corpo são (100% de equilíbrio) é como uma casa construída com teto de cobre sobre uma sólida estrutura de pedras.

Finalmente, uma mente doente que "habita" um corpo doente (0% de equilíbrio) é como uma casa construída com teto de papel sobre um terreno de areia.

O que essas afirmações indicam com seus exemplos?

Obviamente, indicam que nem a mente nem o corpo são supremos, ou seja, que um não pode ser subordinado ao outro.

Ambos precisam ser coordenados para se atingir o máximo resultado com gasto mínimo de energia mental e física, e também para que possamos viver o maior tempo possível com uma saúde normal e desfrutando dos benefícios de uma vida proveitosa e feliz.

8

Primeiro, eduque a criança!

Na infância, hábitos bons e maus são facilmente adquiridos. Então, por que não nos concentramos na aquisição de bons hábitos apenas, para evitar que, no futuro, tenhamos a necessidade de corrigir os maus, o que frequentemente é impossível, mesmo quando o empenho físico é acompanhado de vigorosos esforços mentais?

Dessa forma, é de grande importância ensinar à criança os princípios maiores do equilíbrio entre corpo e mente. Em outras palavras, o desenvolvimento correto de corpo e mente por meio da nova ciência da *Contrologia*.

De forma geral, os métodos de Educação Física adotados atualmente em nossas escolas podem ser atrativos para pessoas desinformadas, mas para alguém com conhecimento na área, como é o meu caso, eles seriam divertidos, se não fosse pelo fato de serem deploráveis nos esforços que exigem.

Em salas de aula ou ginásios lotados e/ou inadequadamente ventilados, observamos crianças se exercitando por alguns minutos diariamente. Poucas entendem o significado desses movimentos de seus braços, pernas e corpo, e apenas algumas se exercitam com vigor.

A maioria se exercita superficial e mecanicamente, sem concentração mental – uma grande perda de tempo e de esforço. Tais exercícios levam a falsas concepções e conclusões na vida adulta e são altamente nocivos ao bem-estar da criança.

Antes de obter qualquer benefício resultante dos exercícios físicos, a pessoa necessita aprender a respirar corretamente. Essa importante função requer instrução individual por meio de exemplos.

Não é suficiente pedir ao indivíduo para inspirar e expirar. Aprender a respirar adequadamente é uma conquista mais difícil do que se imagina, e há poucos professores que compreendem a "arte de respirar corretamente" e que têm condições de instruir outras pessoas.

A "postura" é grande preocupação, mas não se sabe a maneira correta de se posicionar.

As pessoas ouvem constantemente expressões como "cabeça para cima" e "ombros para trás". Na tentativa de jogar os ombros para trás, o indivíduo forma um arco no tronco, força as articulações dos ombros contra sua coluna dorsal e, o que é mais prejudicial, o abdômen fica saliente.

Essas instruções não são naturais, não geram benefícios e representam perigo para a nossa saúde.

O desejável não é jogar os ombros para trás, como dito anteriormente, mas contrair o abdômen e encher o peito simultaneamente.

A criança normal (sem informação), quando fica em pé com as mãos nos bolsos, o abdômen saliente, os ombros curvados para a frente, as pernas hiperestendidas, as articulações rígidas e os pés mal posicionados, não está se beneficiando com todas essas posturas e não formará bons hábitos, mas tais posturas certamente serão responsáveis por pernas arqueadas, joelhos em rotação interna e, posteriormente, pés planos.

Se a criança fosse ensinada sobre o certo e o errado, ela naturalmente evitaria o incorreto. Na questão da respiração, especialmente, essa primeira instrução é de importância vital.

As crianças não necessitam de exercícios artificiais. Entretanto, infelizmente, nascem para viver sob a influência de artificialidades, fato que exige um treinamento especial da mente para que possam controlar conscientemente os movimentos de seu corpo, até que os hábitos bons se tornem subconscientes e rotineiros.

A primeira lição é a da respiração correta.

As crianças devem ser incentivadas a fazer longas e profundas respirações, suficientes para expandir a parte superior do peito no limite máximo. Elas devem ser corretamente instruídas a contrair e descontrair o abdômen ao mesmo tempo que prendem a respiração. Depois, também devem aprender como esvaziar totalmente seus pulmões ao expirar profundamente.

Esvaziar totalmente os pulmões já é uma arte, e essa etapa final da respiração correta é a menos compreendida. Em geral, raramente é ensinada da forma correta, a menos que o indivíduo seja instruído por alguém que realmente conheça a prática.

Os exercícios de respiração correta combinados com o controle mental sem dúvida garantem melhores resultados na prevenção da tuberculose, bem como na aquisição e na manutenção dos padrões máximos de saúde, muito mais do que inúmeros medicamentos.

Os pulmões não podem ser esvaziados completamente sem um considerável esforço inicial. No entanto, com perseverança, os resultados desejados podem ser atingidos, e com uma força crescente, gradual e progressiva, serão desenvolvidos em sua capacidade máxima. Assim, o peito infla como um "balão" e, simultaneamente, faz todos os outros músculos do sistema se movimentarem. Como consequência, a postura da criança se normaliza.

Com a respiração e a postura corretas, a criança não necessita de exercícios artificiais. Andar, correr, saltar, dar cambalhota, escalar, lutar etc. são movimentos naturais criados pela Mãe Natureza para desenvolver as habilidades normalmente.

A lei do exercício natural não permite a ideia do *hobby* na questão do exercício, a não ser que uma pessoa realmente não queira alcançar o desenvolvimento simétrico do corpo.

Por exemplo, o lado esquerdo do corpo não deve ser desenvolvido enquanto o lado direito é deixado totalmente sem atenção.

A lei dos exercícios naturais reconhece os movimentos "conjugados" ou recíprocos no desenvolvimento normal do corpo.

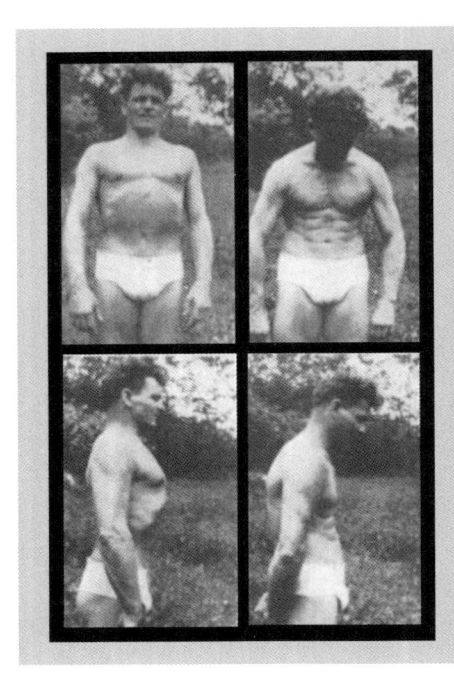

FIGURA 8.1 – Aqui temos quatro fotografias mostrando a maneira correta e natural de respirar – duas frontais e duas de perfil. Note em cada uma o peito ao inspirar e expirar. A primeira representa o movimento de inspirar e a segunda, o de expirar.

Por exemplo, uma série de movimentos naturais tem um número definido de flexões anteriores; assim, a mesma quantidade de flexões posteriores deverá ser feita, e assim sucessivamente. A falta de flexibilidade é outra importante consideração na questão do desenvolvimento correto e normal (natural).

O uso de roupas corretas também tem um papel importante nessa questão. Se deixarmos as crianças seguirem suas inclinações naturais sem restrições, elas não hesitarão em retirar as peças desnecessárias. Na verdade, quanto menos roupas, melhor.

Quanto mais ativa for uma pessoa nas atividades recreativas ao ar livre, menos necessidade terá de usar roupas. As crianças raramente adoecem de gripe em tais circunstâncias; entretanto, quando cessam essas atividades, a própria natureza requer a proteção necessária das roupas para evitar o frio.

As crianças deveriam ter permissão para se exercitar em espaços abertos, exceto em condições climáticas de tempestades e em períodos severos de frio, porque o ar livre é o "tônico" da natureza que desenvolve a força e a flexibilidade naturalmente.

Se a criança, após brincar, retornar para sua casa reclamando de frio ou com sintomas de gripe, deverá tomar um banho quente e frio e, depois de um pequeno descanso, será importante juntar-se novamente aos seus amigos, para que seu corpo se acostume gradual e progressivamente ao regime natural.

São muitos os pecados cometidos pelas pessoas desinformadas que seguem falsas teorias e métodos para alcançar seu tão almejado objetivo. Quanto mais natural e simples o método, melhor.

A experiência nos ensinou que é sábio, no início da vida, expor o máximo possível o corpo nu da criança ao sol. Nenhuma restrição deve ser feita aos exercícios naturais, já que não indicam perigo à saúde e à vida.

O bem-estar de uma criança depende muito da limpeza de sua pele. A água deve ser usada livremente. Banhos quentes, seguidos de temperaturas cada vez mais baixas, até que a água esteja totalmente fria, têm efeito benéfico e excitante, especialmente quando o corpo é rapidamente "massageado" (no início) com uma esponja macia e posteriormente com uma mais dura.

O sabonete deve ser utilizado apenas ocasionalmente, quando o corpo estiver coberto de suor. Em todas as outras circunstâncias, a massagem da esponja já é suficiente para alcançar o resultado desejado. Esse sistema de tratamento da pele é responsável não só por sua textura macia e seu brilho rosado, mas também pela remoção de todos os resíduos de sabonete acumulados nos poros da pele; abre-os e deixa que funcionem naturalmente, eliminando as causas da gripe.

Enquanto tomam banho, as crianças deveriam ser ensinadas a pegar um pouco de água em uma das mãos, ao mesmo tempo que fecham uma das narinas com a outra mão e aspiram essa água pela que está livre. Depois, devem exalar pressionando ambas as narinas ligeiramente e repetir o procedimento com a outra narina.

Dessa forma, se a água escorrer pela garganta e for colocada para fora pela boca, ambas serão limpas e mantidas em uma condição saudável e serão gradualmente imunizadas contra as doenças. Essas simples sugestões, se seguidas corretamente, poderiam prevenir a maior parte, se não todas, as doenças de nosso nariz, boca e ouvidos.

FIGURA 8.2 – A placa acima mostra alguns dos vários modelos por mim desenvolvidos para assegurar a postura correta e um descanso perfeito do corpo. Uma cadeira para cada objetivo – da criança do jardim de infância, passando pelo adulto com problemas físicos até pessoas de meia-idade ou idosos que sofrem em virtude dos efeitos da má postura e da falta de exercícios.

9

Fatos provados!

Praticamente todos sabem que a natureza deu ao ser humano e a alguns animais a "coluna vertebral", mas poucos reconhecem o estado de perfeição que a natureza quer que ela alcance, por meio do desenvolvimento científico, progressivo e natural, desde o nascimento até a maturidade, de forma que essa estrutura de suporte da "casa" humana possa crescer corretamente, como a natureza deseja, ou seja, reta. As pessoas não compreendem os mecanismos da coluna e os métodos corretos para desenvolver esse alicerce do corpo de modo que seus movimentos sempre estejam sob controle absoluto. A maioria não sabe que, por falta de entendimento, a coluna humana foi tristemente negligenciada por muitas e muitas gerações.

Consequentemente, permitiu-se que a coluna se desenvolvesse por si própria, conforme cada caso, com o resultado de que, hoje, a típica coluna dorsal do ser humano é mais ou menos deformada. A predominância dessa condição, infelizmente, foi muito aceita pelo público como normal. Aparentemente, alguns dos mais importantes anatomistas têm as mesmas crenças. Tal situação é verdadeiramente deplorável, pois valida um erro grave que, se não for corrigido imediatamente, continuará impedindo as pessoas de viajar pela estrada da recuperação plena e de alcançar seu objetivo – a saúde normal.

Na história da Medicina, nenhum momento foi mais importante do que o presente, quando a ciência investiga imparcialmente os fatos aqui apresentados e suplementa-os com um intensivo estudo dessa importante questão.

Em vista das invenções revolucionárias e das infindáveis pesquisas em laboratórios e outros campos, a ciência médica deveria ser estimulada a desconsiderar suas teorias arcaicas, bem como seus métodos ortodoxos de instrução, e se concentrar mais na prevenção do que na cura das doenças. É por esse motivo que prego esse sermão.

A aceitação dessas teorias já comprovadas deveria convencer rapidamente os médicos e outras autoridades, assim poderíamos evitar essa tortura desnecessária sofrida durante séculos pelo corpo humano. A falha está em reconhecer e entender esses princípios que regem o mecanismo natural da coluna dorsal, bem como entender o fator do equilíbrio no que diz respeito à sua aplicação no corpo em movimento, descansando e dormindo. Essas ideias integram minhas pesquisas e serviram de inspiração na criação das minhas cadeiras, colchões e camas cujo objetivo é o desenvolvimento correto da coluna vertebral.

É dever do humanista considerar essa importante questão, baseada na observação e na experiência, e não apenas em argumentos polêmicos de anatomistas que divergem sobre esse assunto.

Sem fazer repetições exageradas do tópico "a anatomia da coluna dorsal humana" (referências à literatura médica padrão são facilmente acessíveis), observe-se o seguinte:

1. O conhecimento do mecanismo da coluna humana é lamentavelmente insuficiente. Essa ignorância é a principal responsável pela aceitação atual das condições anormais como normais e, como consequência, é responsável por praticamente todas as doenças que afligem o homem atualmente.

2. As curvaturas da coluna dorsal (cifose) explicadas por anatomistas representam as condições do corpo humano de hoje. No entanto, ao contrário de serem aceitas como normais, deveriam ser consideradas totalmente anormais.

Praticamente 95% das pessoas examinadas possuem curvatura anormal da coluna. Verifique na Figura 9.1a.

Sem dúvida, a *numerosa evidência* de 95% de colunas malformadas é o que leva anatomistas e outros à falsa conclusão de que, como tantas pessoas têm essa curvatura, então ela representa o normal da coluna humana.

Além disso, afirma-se que essa curvatura da coluna dorsal é necessária não apenas para fortalecer a coluna, mas também para que ela possa absorver melhor os choques às quais está constantemente sujeita. A ciência não errou gravemente em aceitar essa conclusão, que viola uma lei bem mais simples, senão a mais simples, do mecanismo do corpo humano?

3. A coluna de qualquer criança normal é reta. As costas são perfeitamente retas.

Felizmente, para seu próprio benefício, a criança em crescimento herda movimentos tônicos naturais, como a flexão dos joelhos e a posição enrolada ao dormir. A criança-animal (desculpe a expressão), subconscientemente, busca a posição natural mais confortável, fornecendo ao esqueleto a resistência adequada para alcançar o resultado desejado.

É quase criminoso insistir para que a criança se deite reta, com as pernas estendidas e as articulações "travadas" em uma cama equipada com as nossas modernas molas, mais ou menos elásticas, como a maior parte dos pais faz.

Forçar a criança a assumir posições não naturais causa, acidentalmente, reação entre os vários grupos de músculos, especialmente entre os principais. Eles ficam mais ou menos tensos, dependendo do desvio da criança de suas posições normais-naturais.

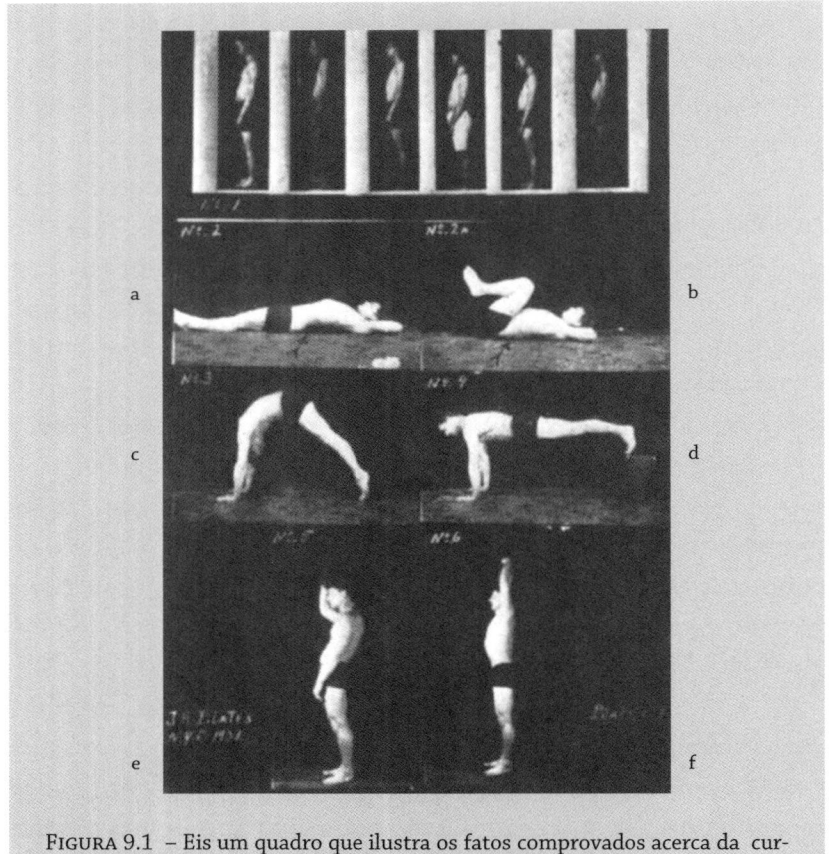

FIGURA 9.1 – Eis um quadro que ilustra os fatos comprovados acerca da curvatura da coluna. Ele mostra que a coluna dorsal deve ser reta.

Naturalmente, essa postura artificial (não natural) é desconfortável e até mesmo dolorosa. Isso se evidencia nos choros contínuos, até que o hábito vicioso da posição incorreta seja adquirido permanentemente. Mais adiante, a criança perpetuará esse costume prejudicial, quando a maternidade ou a paternidade abençoá-la com filhos, e assim continuamente.

Quantos danos físicos e sofrimento são provocados por esse erro imperdoável?

A Figura 9.1b ilustra de forma admirável os efeitos causados pela prática de tensionar constantemente os músculos de forma desnecessária, o que tende a tirar a coluna da linha reta – sua posição normal. À medida que a criança cresce e atinge a postura em pé, sua coluna assume uma curva mais ou menos realçada. Isso ocorre principalmente se os pais, por ignorância, permitem que ela ande relaxada e não se beneficie com exercícios naturais, como rastejar e tombar no chão. Essas proibições acabam afetando o desenvolvimento natural dos filhos e atrasam a aquisição da saúde normal.

Não satisfeito com essa inibição, o "chefe de família" e sua esposa tornam essa questão ainda pior ao insistir que a criança fique em pé antes que os músculos da porção inferior de suas pernas e os de suas costas estejam desenvolvidos suficientemente para sustentar seu peso.

Esses músculos são desenvolvidos natural e normalmente ao permitirmos que a criança corra sobre "quatro apoios", como um urso, ou, pelo menos, que ela rasteje sobre suas mãos e joelhos e que, depois de várias tentativas acompanhadas de quedas, fique em pé, apoiando-se na parede, em cadeiras, camas etc.

4. Toda criança normal, se for deixada sozinha, tentará mover-se de ponto a ponto, naturalmente e sem ajuda dos pais, como indicado anteriormente. Forçá-la a ficar em pé sobre duas pernas fracas e ainda não totalmente desenvolvidas é muito cruel.

As perdas são: curvatura da coluna, pernas arqueadas, joelhos para dentro e, mais adiante, pés planos. A sugestão de que a curva na coluna dorsal lhe dá força adicional é raramente sustentada por qualquer rápido estudo de simples princípios mecânicos.

As Figuras 9.1c e 9.1d são a prova de que um arco lateral é, sem sombra de dúvida, mais forte que um plano horizontal, enquanto as Figuras 9.1e e 9.1f demonstram que uma linha curvada *não é* tão forte como uma linha reta.

Assim, não é lógico concluir, com base nessas ilustrações e observações, que não há justificativa para aceitar uma coluna dorsal curvada como normal? Pelo contrário, não é uma evidência conclusiva que apenas o contrário é verdade?

Dessa forma, não deveriam ser tomados cuidados terapêuticos imediatamente, para corrigir as desvantagens resultantes da contínua aceitação dessa falsa filosofia acerca da coluna humana?

As figuras deste capítulo contam a história até mesmo melhor do que minhas palavras, na medida em que são exemplos de vida e chamam a atenção dos olhos e da mente.

A Figura 9.1f, por exemplo, ilustra perfeitamente e dá a justificativa adequada para minha conclusão de que a coluna normal deveria ser reta para funcionar com sucesso, de acordo com as leis da natureza, em geral, e a lei da gravidade, em particular.

Já a Figura 9.1e, além de não ser estética, ilustra tragicamente as doenças herdadas pela curvatura da coluna – vigor decrescente beirando a ausência de força, deselegância e a curva, por si só especialmente perigosa para os órgãos vitais e o corpo em geral.

A posição relaxada ilustrada na Figura 9.1e (a pelve é pressionada para a frente) atrapalha o equilíbrio do corpo, o que acaba resultando no desarranjo dos vários órgãos afetados, incluindo os ossos e os músculos do corpo, bem como os nervos e as veias, sem contar as glândulas. Os danos praticamente permanentes não são registrados aqui.

5. A obesidade abdominal e os perigosos efeitos da corpulência têm sua origem na *má postura* da coluna dorsal.

A postura correta da coluna é o único preventivo natural contra obesidade abdominal, dificuldade em respirar, asma, pressão alta e baixa e várias formas de doenças cardíacas. É seguro dizer que nenhuma das doenças enumeradas pode ser curada até que as curvaturas da coluna tenham sido corrigidas.

Como essa cura pode se efetivar?

Infelizmente, a maioria daqueles que procuram a resposta verdadeira ainda está tateando desesperadamente no escuro, depois de ter lido falsas e verdadeiras literaturas ou ter ouvido falsos e verdadeiros conselhos sobre essa questão ou, talvez, porque não tenha o

tempo necessário nem dinheiro para financiar tais métodos prote-
tores, os quais podem ter demosntrado benefícios para eles. Apenas
uma pequena porção aprendeu a verdade e se beneficiou com ela.

Deseja-se que as autoridades constituídas em nossos laboratórios de pesquisa e departamentos de saúde investiguem imparcialmente as ideias mostradas neste livro, para que possam solu-
cionar as doenças humanas por meio de métodos de prevenção e
correção, em vez de métodos de "cura". É isso que o meu método de
Educação Física faz. Eu posso convencer você disso.

Tempo e *progresso* são termos sinônimos – nada pode detê-
los. A verdade prevalecerá!

Meu trabalho será estabelecido e, quando isso acontecer, eu
serei o homem mais feliz do Universo de Deus. Meu objetivo terá
sido alcançado.

10

Camas e cadeiras de um novo estilo

É praticamente inacreditável que, atualmente, em uma era de descobertas e invenções revolucionárias, as autoridades dos nossos departamentos de saúde pública sejam tão deploravelmente ignorantes sobre camas, sofás e cadeiras de todos os tipos construídos cientificamente para promover uma saúde normal.

O fato de a precisão de minhas teorias nessa questão ser irrestritamente apoiada por outros, investigadores respeitáveis, profissionais e leigos, só é necessário para referir-se ao grande volume de informação que acumulei durante vários anos de devoção ao estudo profundo e à pesquisa dos problemas gerais da saúde. As conclusões alcançadas por essas várias autoridades, como mostradas neste livro, são totalmente confirmadas por minhas investigações teóricas e práticas relacionadas a estas e a outras linhas semelhantes.

Essa carência universal de informação sobre as leis naturais da saúde, particularmente por parte das autoridades da saúde, é assustadora. Na verdade, é única se comparada aos "gigantescos passos" feitos no avanço das áreas da ciência médica, da mecanização da indústria, do telefone, do rádio, da televisão e assim por diante.

As importantes estatísticas de nossas principais companhias de seguro indicam, sem erro, que a taxa de morte por doenças cardíacas está aumentando constantemente. Esse fator alarmante não deveria enfatizar a necessidade urgente de um estudo imediato e intensivo das causas dessa condição desfavorável e realmente desnecessária?

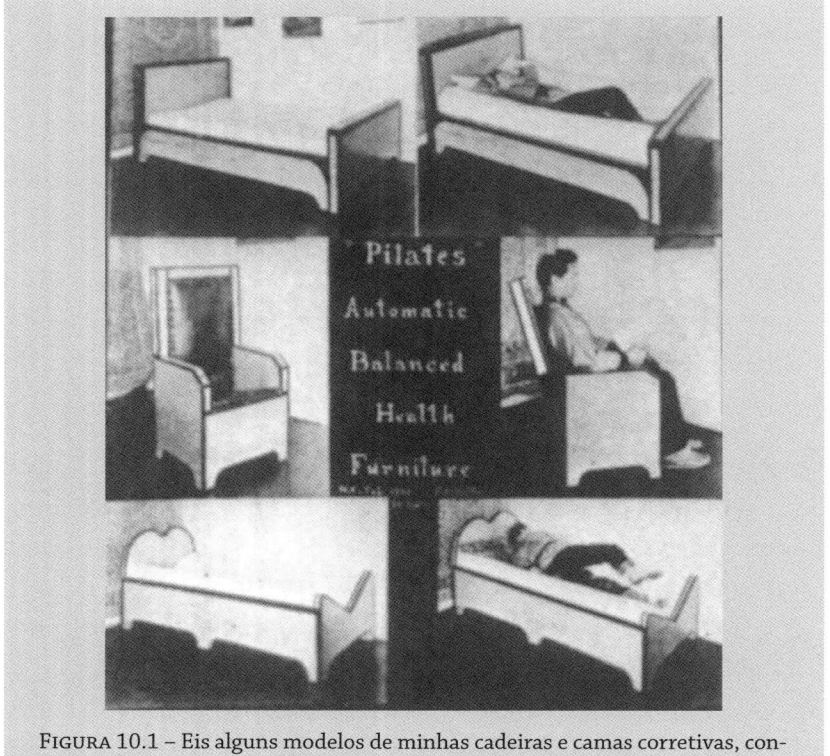

FIGURA 10.1 – Eis alguns modelos de minhas cadeiras e camas corretivas, confortáveis e relaxantes – feitas por mim em meu estúdio. Elas podem ser construídas com qualquer tipo de madeira de qualquer tonalidade, para se adequar à cor da mais bela casa.

Apesar de ser verdade que doenças cardíacas não são *adquiridas* com frequência na infância, é bem verdade também que elas geralmente mais tarde são descobertas na vida. Em geral, as pessoas descobrem a doença entre 40 e 50 anos de idade, infelizmente, quando já é muito tarde para oferecer às vítimas uma cura.

Hoje em dia, nossos programas de saúde pública e pesquisa não ressaltam suficientemente a importância de um estudo profundo das *leis da mecânica* aplicadas ao corpo humano. Isso é particularmente verdadeiro no caso de uma consideração correta e de um estudo profundo sobre a necessidade de reconhecer a importância de adquirir um equilíbrio normal do corpo em movimento, no descanso ou durante o sono.

De um ponto de vista estritamente humanitário, em vez de puramente comercial, um estudo profundo das razões que levam uma pessoa normal a ter um sono agitado e sem descanso induz a uma única conclusão: nossas camas modernas. Enquanto elas nos agradam esteticamente e parecem ser confortáveis, na verdade não são naturais nem práticas quando pensamos nos vários objetivos para os quais elas teriam sido originalmente desenhadas. Não oferecem máximo descanso e completo relaxamento. Tudo o que fazem é dar um lugar para que o corpo possa se revirar.

Aquelas camas podem parecer bonitas, mas falham totalmente em ajudar no descanso e na saúde.

Inventei uma cama que oferece descanso e conforto, mas os fabricantes de lindas camas não darão o reconhecimento que minhas invenções merecem. Quando eles perceberem isso e o fizerem, o campo de fabricação de camas será revolucionado.

É óbvio que um sono tranquilo é impossível sem o completo e total relaxamento de todos os nossos músculos.

Por mais estranho que pareça, para aqueles que não são tecnicamente informados, mesmo as camas equipadas com as melhores molas não vencem esse objetivo.

Por quê? Porque a estrutura óssea que forma a *base* de nosso corpo não recebe, em camas tão equipadas, a resistência necessária para proporcionar o relaxamento simultâneo do esqueleto e do sistema muscular.

Nessas circunstâncias adversas, o corpo tem, literalmente, de buscar o descanso como e quando puder. Fotografei o movimento de uma pessoa dormindo durante o período de oito horas e meu filme, o mesmo daquele fabricante de camas de hoje em dia, registra até 45 mudanças de posição durante o sono. Para ser mais preciso, o meu mostrou 48 e o dele, 45. Em minha cama, você não vai se mover nem mesmo seis vezes.

FIGURA 10.2 – Eis o velho estilo de cama ou o tipo que quase todo mundo está usando hoje em dia. A seta mostra a posição forçada em nossas camas retas de hoje em dia. Não importa o quanto uma cama é bonita, ela não pode dar e não dá o conforto e o descanso de minha cama em forma de "V". Não há nada mais do que constante perturbação nas camas de hoje em dia. Todas as cadeiras e camas ilustradas neste livro foram feitas por mim e cada modelo é protegido por patentes registradas no U. S. Patent Office.

Apesar de reconhecer que nos cansamos com pouca ou muita atividade, há um meio-termo apropriado: nem muito, nem muito pouco. Uma média de seis movimentos por hora, durante o sono, não é excessiva para pessoas que supostamente teriam uma saúde normal?

Pode o corpo, em tais condições, realmente receber o benefício inerente a um repouso correto, o qual implica mínimas, e não máximas, mudanças de posição durante o sono normal?

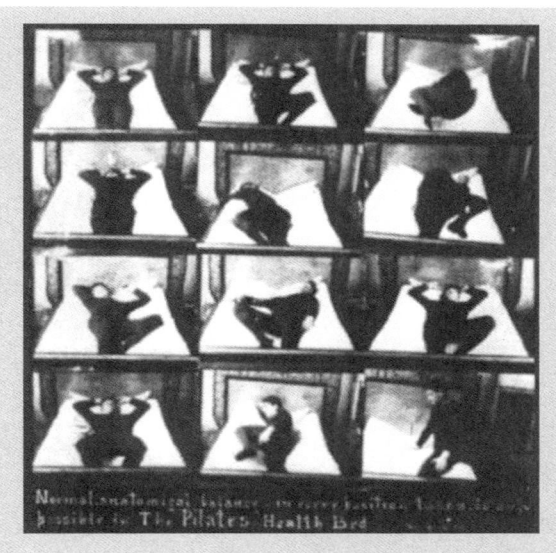

Figura 10.3 – Aqui estou descansando confortavelmente em uma de minhas invenções. Observe a maneira como descanso – como um gato ou cachorro em sua natural e confortável posição. Esta é a minha cama em forma de "V", especialmente desenhada para a criança como uma cama para a correção da postura incorreta e o perfeito relaxamento da coluna e dos músculos ao seu redor. A cama "V" foi criada também para a mulher grávida, que precisa de todo o conforto e o descanso que ela puder ter, além de precisar de uma coluna perfeita. Esta é a cama normal para o hospital, para mulheres grávidas e para pessoas com asma e tuberculose.

Não é perfeitamente razoável e lógico deduzir que as camas de hoje em dia, infelizmente, não são desenhadas ou construídas para oferecer o máximo descanso ao corpo? Esta dedução foi demonstrada corretamente. Eis os fatos.

Desde sempre, foram os estúpidos pais, totalmente ignorantes sobre as leis da natureza, que, sem saber, trataram seus filhos com crueldade. Eles trabalharam com base na falsa impressão de que seus filhos em crescimento precisavam alongar suas pequenas pernas, deixando-as retas enquanto dormiam em suas camas, em vez de permitirem que eles tomassem a posição natural durante o sono. A posição normal é aquela como entraram no mundo, semelhante à tomada pela família de gatos e outros animais, quando se enrolam, como uma "bobina", um pouco antes de dormir.

Nesse ponto, parece que o instinto das mães do reino animal é, pelo menos nesse caso, superior em relação à prática impensada das mães humanas. Infelizmente, esse é apenas um dos exemplos de muitos "pecados" contra as leis da natureza cometidos pela maioria das mães, que atrasam a saúde e o bem-estar futuro de seus filhos. Certamente, se os animais praticam o enrolamento, os homens também podem fazê-lo. Tente e veja você mesmo. Você não sofrerá de prisão de ventre, rins fracos ou outras doenças se dormir como os gatos.

Por que nossos educadores não tiveram a coragem moral de impedir a destruição imediata de todos os antigos e ortodoxos tomos que continuam perpetuando o ensino de falsas doutrinas da saúde? Por que eles não pedem a imediata substituição por modernos livros de Educação Física, baseados em métodos sadios, profundos e seguros como os proclamados neste livro? Você quer a resposta? Porque tal adoção iria arruiná-los.

Por que praticamente todos tomam naturalmente a chamada "posição fetal" quando estão se preparando para dormir?

Por que as autoridades da saúde afirmam que assumir essa posição, além de não ser natural, não leva a uma boa saúde? Que argumentos lógicos podem ser citados para sustentar a óbvia falsidade dessa conclusão?

Ela se baseia em qualquer tipo de princípio reconhecido e que governe as leis da natureza?

Por que crianças e adultos, sempre que têm oportunidade, quando estão sentados, tendem a inclinar-se para trás e a balançar-se nas pernas traseiras de uma cadeira? Por que mães e pais são contra essa prática (exceto pelo fato de arranhar a cadeira, as paredes etc.)?

Por que a maioria de nós se torna mais ou menos impaciente e move o corpo para a frente e para trás, cruza as pernas da esquerda para a direita e vice-versa, quando sentados em uma cadeira por apenas um curto período de tempo?

Por que é mais confortável agachar-se no chão, como os turcos ou os índios, do que sentar-se confortavelmente, por um período mais longo ou mais curto, em uma cadeira normal?

Por que as cadeiras e camas de hoje em dia não são o que deveriam ser – o meio-termo para um sono normal e para o relaxamento?

As respostas corretas para essa série de perguntas são todas de suma importância e deveriam ser estudadas a fundo. Você tem todas as respostas neste livro.

Ficarei feliz em poder demonstrar meu sistema e minhas invenções para todos aqueles que estiverem interessados. Meu objetivo é oferecer um serviço real para a humanidade, de um ponto de vista altruísta e filantrópico.

Não sou do tipo mercenário. Agradeço pela oportunidade de dar informações mais detalhadas sobre meus pontos de vista nos tópicos *tensão* e *relaxamento,* para que todos os que lerem este livro adquiram e mantenham uma saúde normal.

Tenho o único curso no mundo que ensina Educação Física em uma base corretiva e que traz os resultados que afirmo. Inventei, conforme já exposto, várias cadeiras – uma para que a criança do jardim de infância desenvolva uma postura correta e mantenha a coluna como Deus planejava; outra para aqueles com pernas arqueadas, joelhos para dentro e pés planos; outra ainda para o desenvolvimento de uma postura correta do homem que precisa se sentar em frente a uma mesa e que tem muito pouco tempo para se exercitar; e uma quarta que ajuda aqueles que têm paralisia infantil e que precisam movimentar pernas e braços.

Inventei, como já mencionei, vários tipos de camas e colchões que maravilharam aqueles que os viram em meu estúdio na Oitava Avenida, número 939. Aquelas camas e colchões são tão revolucionários que, quando mostrei um modelo a um dos grandes fabricantes de camas e colchões para que ele os produzisse em grandes quantidades, seu engenheiro-chefe disse: "Professor Pilates, sua invenção é maravilhosa, mas não pode ser adotada por nós porque isso significaria uma mudança total de nossa fábrica. Teríamos de destruir todos os nossos modelos de hoje e criar novas propagandas, o que significa que praticamente teríamos de começar um novo negócio".

Infelizmente, depois disso, aquela companhia começou a divulgar o que eu sempre falei – que uma pessoa se move de quarenta a cinquenta vezes enquanto dorme e que, com o uso de seus colchões, especialmente construídos, essa agitação seria reduzida em pelo menos 30%. Mas eles realmente fazem isso? É claro que não! Eles ainda usam e vendem o velho estilo de colchão e cama. Foi só um meio de se antecipar a qualquer tipo de propaganda que eu viesse a fazer.

Que besteira! Eu apelo neste livro para todos que estejam interessados no futuro bem-estar de nossa espécie.

Peço que eles ajudem a mostrar meu prático método de Educação Física ao público, para quem ele trará muito benefício, e que ele veja e teste minhas invenções que produzem saúde, a fim de que a humanidade possa desfrutar da bênção de Deus – saúde e felicidade.

1945
O retorno à vida pela *Contrologia*

Joseph Hubertus Pilates e William John Miller

Para Clara.

Agradecimentos

Os autores agradecem esta oportunidade de expressar sua gratidão a todos os amigos leais e a todos os estudantes, pelo contínuo encorajamento, que motivou-os a concluir a preparação deste livro. Especial agradecimento a Beatrice E. Rogers, pela valiosa assistência prestada, e a George Hoyningen-Huene, pela sua extraordinária paciência e excepcional habilidade na produção das belas fotografias que ilustram o texto técnico em *Retorno à Vida*.

Prefácio

A perfeição *mortal* pode ser alcançada somente por meio da perfeição física e, consequentemente, do desenvolvimento físico até níveis altos de força e beleza, de acordo com o controle da mente. Este é o primeiro requisito para a realização humana. A sustentação de um padrão superior da aptidão física é cada vez mais necessária para a manutenção da vida e da liberdade em qualquer civilização e é ainda mais importante em tempos de conflito social. Sendo assim, a descoberta e o uso de programas mais eficientes de melhora física são agora vitais para a preservação real da raça.

Na minha opinião, a *Contrologia* é um sistema ideal para transformar o corpo em um instrumento perfeito do desejo. É cineticamente apropriado, fisiologicamente bom e psicologicamente correto. Tenho conhecimentos próprios de seu sucesso em obter resultados surpreendentes, não somente para adultos normais, mas também para aqueles que sofrem de defeitos físicos supostamente incuráveis e de deficiências orgânicas.

Por vinte anos, estudei profissionalmente os principais sistemas de desenvolvimento do corpo propostos e utilizados em escolas, faculdades, academias particulares e outras instituições e não hesito em falar que o sistema Pilates não é simplesmente 20%, 50% ou 80% mais eficiente mas, muitas e muitas vezes, tão eficiente como qualquer combinação prática de outros sistemas.

Para apreciar a verdade dessa afirmação, o leitor precisa ter testado outros sistemas, e depois necessita ter utilizado a *Contrologia*. Ela não somente desenvolve os músculos do corpo, a flexibilidade dos membros e o funcionamento dos órgãos vitais e das glândulas endócrinas, mas também purifica a mente e desenvolve o desejo.

Por isso, é com grande prazer que endosso o trabalho de Joseph H. Pilates e espero que o mesmo se espelhe pelo país, permitindo que todos alcancem melhor aptidão física.

Frederick Rand Rogers
Presidente
Instituto de Desenvolvimento Físico da América do Norte

Introdução

Por Judd Robbins e Lin Van-Heuit Robbins
Instrutores certificados na técnica de solo desenvolvida por Joseph e Clara Pilates

Esta nova edição do trabalho original de Joseph Pilates em 1934 e 1945 contém as fotografias originais e as posições passo a passo, acompanhadas de instruções. Embora algumas das últimas pesquisas no mundo da boa forma possam sugerir que se tenha cuidado na realização de algumas dessas posições e exercícios, o programa geral de exercícios desenvolvido na virada do século XX continua espantosamente eficiente e benéfico para os entusiastas do desempenho físico do século XXI.

Assim como em todos os programas de exercícios, você deveria consultar seu médico antes de seguir um ou todos os exercícios e posições apresentadas neste livro. O impacto geral dos exercícios de Joseph Pilates pode ser extraordinariamente benéfico para qualquer um que sofra de uma variedade de fraquezas físicas. No entanto, os exercícios são mais eficazes quando apresentados aos iniciantes por um treinador que tenha estudado as instruções da técnica de solo e também os aspectos psicológicos e biomecânicos fundamentais do corpo, que são tão analiticamente coordenados com os exercícios de Joseph Pilates.

Joseph Pilates pregou os benefícios de um equilíbrio perfeito entre corpo e mente. Ele uniu sua experiência em ginástica e artes marciais com uma profunda abordagem analítica da mecânica do corpo, da postura e da respiração correta. Quando começamos a experimentar suas recomendações de exercícios, modificações posturais e mecanismos de respiração, realmente começamos a nos converter. Somos certificados pelo the PhysicalMind Institute no trabalho de solo originalmente desenvolvido por Joseph e Clara Pilates. Lemos e utilizamos os princípios oferecidos em muitos livros de boa forma, desde yoga até alongamento e treinamento de força. Joseph Pilates criou uma combinação realmente eficaz de fortalecimento e alongamento, que pode funcionar bem praticamente para todos. Com instrução e aconselhamento correto, algumas ou todas as recomendações de Pilates podem, como demonstrado, melhorar os níveis de saúde e boa forma de qualquer pessoa.

Fundamentos básicos de uma Educação Física natural

A civilização inibe o condicionamento físico

Um bom condicionamento físico é o primeiro requisito para a felicidade. Nossa interpretação da boa forma física é a obtenção e a manutenção de um corpo desenvolvido uniformemente com uma mente sadia, totalmente capaz de realizar natural, fácil e satisfatoriamente nossas numerosas e variadas tarefas diárias, com espontaneidade e prazer. Para alcançar as mais altas realizações dentro de nossas capacidades em todos os momentos da vida, precisamos constantemente nos esforçar para adquirir corpos fortes e saudáveis e desenvolver nossas mentes até o limite de nossa habilidade. Este mundo de progresso muito rápido, em que as pessoas estão sempre correndo mais e mais contra o tempo para atender às demandas da vida, força-nos a estarmos sempre bem-condicionados e atentos, para que tenhamos sucesso na competitiva corrida sem fim que premeia aqueles que procuram *conquistar*, mas deixa para trás aqueles que não *buscam* o que querem.

Um bom condicionamento físico não pode ser obtido por meio de pensamentos desejosos nem adquirido por uma compra. No entanto, pode ser alcançado pela realização diária dos exercícios desenvolvidos com esse objetivo pelo fundador da *Contrologia*, cujos métodos únicos nos levam ao resultado desejado à medida que, sucessivamente, reagem contra as condições nocivas inerentes à civilização moderna.

Da Idade da Pedra em diante, o homem tem vivido a maior parte do tempo ao ar livre, praticamente com pouco abrigo dos elementos. Ele ainda não viveu tempo suficiente dentro de casa, com proteção para conseguir resistir efetivamente às pressões e às tensões impostas sobre ele pelo nosso atual modo *apressado* de viver. Isso explica por que você e eu, bem como todo o restante das pessoas, somos obrigados, pelo nosso próprio interesse, a dar uma atenção constante à melhora de nossos corpos e a passar mais tempo conquistando e mantendo o tão importante objetivo do bom desempenho físico.

Geralmente, não fornecemos aos nossos corpos os cuidados que nosso bem-estar merece. É verdade que vagamos ao ar livre quando nosso espírito excêntrico nos move ou quando a necessidade nos força a fazê-lo, embora isso signifique que nossas pernas acabem por se exercitar a um grau limitado, sacrificando o potencial real de exercício do resto de nosso corpo, o que, do ponto de vista de nossa saúde geral, é muito mais importante. Não é surpresa que essa técnica de preparação do corpo, totalmente inadequada e casual, utilizada por uma pessoa comum, seja malsucedida na obtenção da boa forma física!

Como já se comprovou, é muito difícil obter a forma física ideal ao enfrentar os obstáculos diários, como o ar saturado de fuligem de nossas cidades populosas e barulhentas. Porém, podemos compreender mais rapidamente essa ambição se tivermos o privilégio de respirar o ar fresco e puro do campo e das florestas sem o barulho do tráfego carregado das grandes cidades, que, constantemente, tende a manter nossos nervos tensos. Mesmo aqueles que trabalham na cidade e têm a sorte de viver no campo precisam lutar contra os cansaços físico e mental não naturais, vivenciados em nossas atividades diárias. Telefones, automóveis, pressão econômica – todos se combinam para nos desapontar fisicamente e nos estressar mentalmente de tal forma que, nos dias de hoje, praticamente nenhum lar está totalmente livre de pessoas que sofrem de algum tipo de tensão nervosa.

Em razão da intensidade da concentração exigida em nosso trabalho e apesar do prazer real que ele possa nos dar, aceitamos de bom grado qualquer alívio adicional na forma de atividades recreativas diversificadas e prazerosas, preferencialmente ao ar livre, em nossas tentativas constantes de compensar os efeitos dos cuidados e das obrigações crescentes, tão comuns nos dias de hoje. Para diminuir a tensão mental e aliviar a fadiga física, precisamos adquirir um fundo de reserva de energia nervosa, para que possamos realmente nos divertir à noite.

Passatempos e todas as formas de jogos tendem a renovar concretamente nossa vitalidade, juntamente com uma elevação moral. Divertir-se não se limita necessariamente a jogos convencionais. Ao contrário, o termo *diversão* que usamos envolve qualquer forma possível de *viver prazerosamente*. Por exemplo, passar uma noite calma e agradável em casa com nossa família e conversar com os amigos é, de acordo com nossa interpretação, uma forma deliciosa de se divertir, socialmente agradável e bem distinta de nosso trabalho diário. Isso nos faz alegres, dispostos e relaxados.

No entanto, muitos de nós, no final de um dia de trabalho, não temos energia suficiente à noite para aproveitar a recreação. Quantos de nós simplesmente passamos a noite lendo o jornal, como de rotina? Quantos de nós nos encontramos totalmente descansados para ler, mesmo que ocasionalmente, um livro interessante, para visitar nossos amigos ou para ver um dos últimos lançamentos do cinema? Na maior parte do tempo, quando, ocasionalmente, decidimos passar um final de semana longe de nossos tradicionais ambientes e lugares da cidade, é comum que, em vez de relaxarmos e recebermos os benefícios imediatos dessa tão desejada mudança, a fim de realmente passarmos por uma revitalização completa (sem fadiga) e desfrutarmos de nossa experiência ao ar livre sob o sol radiante, acabamos nos recuperando do choque de nossa frustração somente na metade da semana seguinte.

Por quê? Porque nosso modo de vida anterior e o consequente desleixo com o corpo não nos prepararam para colhermos os resultados positivos dessa diversão. Não temos reserva de energia suficiente para esse propósito, e a culpa é somente nossa, e não da natureza, como muitos de nós gostamos de pensar. Tudo o que qualquer corpo normal deveria exigir é uma mudança do que tenha sido exposto anteriormente.

Da mesma forma, desde que vivemos na Era Moderna, precisamos dedicar mais tempo e atenção à importante questão de adquirir boa forma física. Isso não significa necessariamente que devamos nos dedicar ao mero desenvolvimento de apenas um grupo muscular favorito; ao contrário, devemos propiciar o desenvolvimento uniforme de todo o corpo, mantendo os nossos órgãos o mais próximos possível das condições normais, para que possamos não apenas conquistar uma posição melhor a fim de obter o nosso "ganha-pão" diário, mas também para que tenhamos vitalidade suficiente e reserva à noite, a fim de aproveitar o prazer da compensação, do equilíbrio e do descanso.

Talvez você pergunte: "Como posso imaginar uma condição tão utópica? À noite, eu estou muito cansado para ir ao clube", ou "não é muito caro matricular-se em um curso de condicionamento em um dos bons clubes ou academias?". *Retorno à Vida* explica completamente como conseguir, com sucesso, a ambição necessária para adquirir a boa forma física em sua própria casa e com baixo custo.

A Contrologia *restaura a boa forma física*

A *Contrologia* é a coordenação completa do corpo, da mente e do espírito. Por meio dela, você adquire primeiro o controle total de seu próprio corpo e depois, com repetições apropriadas dos exercícios, adquire gradual e progressivamente um ritmo natural e a coordenação associada às atividades do subconsciente. Esse ritmo verdadeiro e o controle são observados tanto em animais domésticos como em animais selvagens, sem exceções conhecidas.

A *Contrologia* desenvolve o corpo uniformemente, corrige a má postura, restaura a vitalidade física, revigora a mente e eleva o espírito. Na infância, com raras exceções, aproveitamos os benefícios de um desenvolvimento físico natural e normal. No entanto, à medida que amadurecemos, nos encontramos em corpos nem sempre transigentes com nosso ego. Nossos corpos ficam caídos, com ombros curvados, olhos fundos, músculos e vitalidade extremamente baixos, se não definhados. Esse é o resultado natural de não termos desenvolvido uniformemente todos os músculos de nossa coluna, tronco, braços e pernas, ao estimularmos o corpo somente com movimentos do dia a dia e com atividades dentro do escritório.

Se você realizar os exercícios da *Contrologia* com seriedade e regularidade, apenas quatro vezes por semana durante pelo menos três meses, como consta neste livro, verá seu corpo atingir o desenvolvimento ideal, com vigor mental renovado e crescimento espiritual. A *Contrologia* foi projetada para dar flexibilidade, graça natural e habilidades que serão refletidas, sem sombra de dúvida, em sua maneira de andar, divertir-se e trabalhar. Você desenvolverá força muscular com capacidade correspondente para desempenhar tarefas árduas, praticar jogos vigorosos, andar, correr ou viajar por longas distâncias, sem sentir cansaço corporal inadequado ou peso mental. E isso não é tudo.

Um dos principais resultados da *Contrologia* é a aquisição do domínio de sua mente sobre o controle completo de seu corpo. Muitos iniciantes ficam pasmados e humilhados (mesmo os atletas mais treinados) ao descobrirem o pequeno número de exercícios da *Contrologia* que conseguem executar corretamente (isso se conseguirem executar algum). Suas falhas anteriores em adotar um regime de exercícios frequente e correto não os ajudaram. Também há evidências de que, ao mesmo tempo, o funcionamento do cérebro se deteriorou. O cérebro, por si só, é na verdade um tipo de painel de controle telefônico natural unido aos nossos corpos como um meio de comunicação que se corresponde, pelo sistema nervoso simpático, com todos os nossos músculos. Infelizmente, a razão pura é apenas uma pequena parte na vida da maioria de nós. Praticamente todas as nossas atividades diárias são governadas pelo que *achamos* que vemos, ouvimos ou tocamos, sem antes parar para analisar ou pensar sobre os possíveis resultados de nossas ações, sejam elas boas ou más. Como resultado de um hábito ou ação reflexa, nós piscamos, nos desviamos das coisas e operamos máquinas mais ou menos automaticamente. *Idealmente, nossos músculos deveriam obedecer à nossa vontade. Racionalmente, nossa vontade não deveria ser dominada pela ação reflexa de nossos músculos.* Quando as células cerebrais são desenvolvidas, a mente também é. Professores iniciam com os órgãos sensitivos. A *Contrologia* tem início com o controle da mente sobre os músculos.

Ao acordar milhares e milhares de células musculares que normalmente estariam dormentes, a *Contrologia*, ao mesmo tempo, estimula milhares e milhares de células cerebrais inativas, ativando novas áreas e estimulando um funcionamento maior da mente. Não é de se espantar que tantas pessoas se surpreendam com a sensação de "elevação" depois de sua primeira experiência com os exercícios da *Contrologia*. Pela primeira vez em muitos anos, suas mentes foram verdadeiramente estimuladas. O uso contínuo da *Contrologia* aumenta a oferta normal e natural de sangue puro e rico que vai fluir e circular pelo cérebro com o estímulo correspondente a novas áreas cerebrais antes dormentes. Mais do que isso, na verdade, ela desenvolve mais células cerebrais. G. Stanley Hall, o grande psicólogo norte--americano, observou: "A cultura dos músculos é formadora do cérebro".

Princípios de orientação da Contrologia

A *Contrologia* não é um sistema cansativo de exercícios entediantes, chatos, detestáveis e repetitivos *ad nauseam*.[1] Também não exige que você se matricule em uma academia e/ou adquira equipamentos caros. Você pode obter todos os benefícios da *Contrologia* em sua própria casa. As únicas regras inalteráveis às quais você, conscientemente, sempre deve obedecer, com fidelidade e sem desvios, é seguir as instruções que acompanham os exercícios e manter a mente totalmente concentrada no objetivo dos exercícios enquanto os desenvolve. Isso é vitalmente importante para atingir os resultados procurados; caso contrário, não haveria uma razão válida para que você se interessasse pela *Contrologia*. Mais do que isso, você precisa aceitar todos os conselhos paralelos com fidelidade semelhante. Lembre-se de que você está se ensinando, certo? Os benefícios da *Contrologia* dependem somente da realização dos movimentos exatamente de acordo com as instruções, e não o contrário.

Lembre-se também de que "Roma não foi construída em um dia", e de que *paciência* e *persistência* são qualidades vitais no alcance bem-sucedido de qualquer esforço que valha a pena. Pratique os exercícios atentamente, com determinação, e não permita que qualquer motivo desvie sua confiança em si mesmo. Quando se sentir tentado a "tirar uma noite de folga", não se deixe levar por essa fraqueza momentânea e pela indecisão, ou melhor, decisão incorreta. Permaneça fiel a você mesmo. Pense no que aconteceria se os trabalhadores que mantêm o fogo sempre ativo nas caldeiras de um enorme navio a vapor resolvessem "tirar uma noite de folga". Você sabe a resposta. Se eles fossem repetir essa ação, você sabe o resultado. O corpo humano, felizmente, pode suportar mais negligência, com mais sucesso que o complexo maquinário de um moderno navio a vapor. No entanto, essa ação não é um bom motivo para

---

[1] Até a exaustão.

sobrecarregarmos, desnecessariamente e sem razão, nossos corpos além dos limites suportáveis, especialmente porque, fazendo isso, acabamos apenas nos lesionando. Schopenhauer, o filósofo, disse: "Negligenciar o corpo de alguém por qualquer outra vantagem na vida é a maior das tolices".

Tenha em mente que você fará os exercícios da *Contrologia* por dez minutos sem interrupção. Surpreendentemente, assim que você viajar neste "Caminho para a Saúde" da *Contrologia*, tornará, subconscientemente, suas viagens cada vez mais longas, de 10 a 20 minutos ou mais, antes mesmo que perceba. Por quê? A resposta é simples: os exercícios transformam a circulação preguiçosa em ação para desempenhar seus deveres com mais eficiência, descarregando, por meio da corrente sanguínea, o acúmulo de produtos cansativos criados por atividades musculares e mentais. Seu cérebro se limpa e sua força de vontade aumenta.

Limpeza do corpo pela circulação sanguínea

Isso é o equivalente a um "banho interno". Da mesma forma que as nascentes refrescantes originárias das fortes chuvas e das vastas massas de neve derretida no interior nas montanhas mais distantes fazem os rios encher e fluir agitadamente para o oceano, seu sangue correrá com vigor renovado, como resultado direto de sua fidelidade à execução dos exercícios da *Contrologia*. Esses exercícios fazem o coração bater forte e uniformemente, forçando a corrente sanguínea a carregar e descarregar cada vez mais os fragmentos acumulados criados pelo cansaço. Os exercícios da *Contrologia* dirigem sangue puro e fresco para todas as fibras musculares, particularmente para as importantes veias capilares, estimuladas raras vezes de forma total quando atingimos a idade adulta. Como uma forte tempestade refresca a água de uma lenta e estagnada corrente e a coloca em ação imediata, os exercícios da *Contrologia* purificam o sangue e acionam a corrente sanguínea instantaneamente, de forma que os órgãos corporais, incluindo as importantes glândulas sudoríparas, recebam o benefício desse sangue fresco e limpo trazido pela corrente sanguínea rejuvenescida. Observe os efeitos benéficos dos exercícios da *Contrologia* sobre a sua atividade cardíaca.

Os exercícios da *Contrologia* nos protegem contra o peso ou a palpitação desnecessária do coração. Estude atenciosamente as posições ilustradas pelas fotografias e observe que todos os exercícios são realizados em posturas sentadas ou inclinadas. O propósito é aliviar seu coração da força indevida e também tirar vantagem da postura mais normal (original) dos órgãos viscerais do seu corpo quando em tais posições. Ao contrário dos exercícios realizados em posição vertical, os desenvolvidos enquanto você está em posição inclinada não agravam qualquer fraqueza orgânica não detectada.

O verdadeiro controle do coração é resultado de uma respiração correta, que, simultaneamente, reduz a pressão do coração, purifica o sangue e desenvolve os pulmões. Para respirar corretamente, você deve inspirar e expirar completamente, sempre procurando "espremer" bem forte todos os átomos de ar impuro dos pulmões, da mesma maneira que torceria cada gota de água de um pano molhado. Quando você ficar em pé e ereto novamente, os pulmões automaticamente se encherão de ar fresco. Isso preenche a corrente sanguínea com a vitalidade do oxigênio necessário à vida. Além disso, a completa inspiração e expiração de ar estimula todos os músculos a uma atividade muito maior. Logo, todo o corpo é abundantemente carregado de oxigênio puro. Esse fato é reconhecido instantaneamente quando o sangue revitalizado atinge desde as pontas dos dedos das mãos até os dedos pés, da mesma forma que o calor gerado por uma boa quantia de vapor em uma caldeira é distribuído adequadamente por seus radiadores e sentido em todos os cômodos da casa.

Respirar é o primeiro e o último ato da vida. Nossa vida depende disso. Visto que não podemos viver sem respirar, é tragicamente deplorável contemplar os milhões e milhões que nunca aprenderam a dominar a arte de respirar corretamente. Sempre nos perguntamos quantos milhões de pessoas continuam a viver por tanto tempo, embora estejam sob a influência dessa condição que impede o alcance da longevidade. A respiração preguiçosa converte os pulmões, de modo figurativo, em um cemitério para o depósito de germes doentes que estão morrendo ou que já estão mortos, ao mesmo tempo que fornece um porto ideal para a multiplicação de outros germes nocivos. Portanto, acima de tudo, aprenda a respirar corretamente. *"Aperte" cada átomo de ar de seus pulmões até que eles estejam tão vazios como um vácuo.* Fique de pé e ereto novamente e observe como seus pulmões automaticamente voltarão a se encher completamente com ar fresco. O impacto de tanto oxigênio em sua corrente sanguínea pode, de início, natural e normalmente resultar em uma leve sensação de "tontura", semelhante ao efeito que você pode sentir quando estiver praticando exercícios pela primeira vez na atmosfera rarefeita, no alto das montanhas. No entanto, depois de alguns dias, essa sensação desaparecerá totalmente.

Sempre que você ler a palavra "rolar" nos exercícios, preste atenção para deixar seu queixo bem pressionado contra o peito quando deitar ou levantar, "role" e "desenrole" sua coluna exatamente imitando uma roda para a frente e para trás. Vértebra por vértebra, tente "rolar" e "desenrolar", como sugerido. Esse movimento limpa seus pulmões efetivamente, ao levar o ar impuro para fora e ao forçar o ar puro a ir para dentro do corpo, à medida que você "rola" e "desenrola". Sem cansaço e conscientemente, pratique a respiração até que a arte de respirar corretamente se torne um hábito automático e subconsciente. Tal realização fará a corrente sanguínea receber sua cota de oxigênio e, assim, protegerá o corpo contra a fadiga.

Estude cuidadosamente. Não sacrifique o conhecimento para acelerar a construção de um regime de exercícios sólido com base nos ensinamentos da *Contrologia*. Siga as instruções exatamente como indicado, atento aos mínimos detalhes. *Há* uma razão! A *Contrologia* não é um sistema de exercícios aleatórios elaborados apenas para produzir músculos salientes. Pelo contrário, foi concebida e testada (por mais de 43 anos) com a ideia de exercitar correta e cientificamente todos os músculos de seu corpo, para melhorar a circulação do sangue. Assim, a corrente sanguínea passa a carregar um volume maior de sangue melhor para alimentar todas as fibras e tecidos do corpo. A *Contrologia* também não é a favor do desenvolvimento acentuado de alguns músculos à custa de todos os outros, o que resultaria na perda da graça e da flexibilidade ou no sacrifício do coração e dos pulmões. Ao contrário, foi desenvolvida para relaxar e alongar gentilmente os músculos e ligamentos, de tal maneira que seu corpo se tornará tão flexível como o de um gato, e não musculoso como o de um cavalo que, antigamente, puxava caminhões de cerveja, ou de um levantador de peso profissional, que é tão admirado no circo.

Concentre-se nos movimentos corretos *cada vez que executar os exercícios*, para que você não os faça de maneira inapropriada e perca todos os seus benefícios. Quando executados e dominados a ponto de se tornarem uma reação subconsciente, os exercícios refletirão graça e equilíbrio em suas atividades rotineiras. Os exercícios da *Contrologia* desenvolvem um corpo forte e uma mente sadia, própria para realizar qualquer tarefa diária com facilidade e perfeição, bem como oferecem uma enorme reserva de energia para a prática de esportes, recreação e em caso de emergências. Muito interessante, mas bem óbvio quando você para e pensa sobre isso, é o fato indiscutível de que nenhuma atividade moderna trabalha todos os nossos músculos. O que se aproxima mais desse ideal é a natação e o mergulho mais extravagante. Andar, o único exercício mais comum para a maioria de nós, trabalha apenas um número limitado de músculos. Com repetição, o ato de caminhar se torna um hábito subconsciente, e não é incomum que se torne um hábito ruim, sempre acompanhado de má postura – basta observar os entregadores de cartas.

No entanto, há outra razão importante para exercitarmos todos os nossos músculos conscientemente. Cada músculo pode, cooperativa e fielmente, ajudar no desenvolvimento uniforme de todos os outros. Ao desenvolver os músculos menos importantes, naturalmente estamos ajudando a fortalecer os músculos mais importantes. Assim como os tijolos pequenos são usados na construção de grandes edifícios, o desenvolvimento dos músculos menores ajudará a desenvolver os músculos maiores. Portanto, quando todos os músculos forem adequadamente desenvolvidos, você naturalmente trabalhará fazendo um esforço mínimo e desfrutando de um prazer máximo.

Em uma agradável manhã de sol, é incrível como vibramos naturalmente com a expectativa de acompanhar amigos em uma viagem, utilizando estradas modernas e um carro perfeito, com um motorista tão hábil em acelerar e desacelerar gradualmente e em contornar curvas mais acentuadas e viradas mais abruptas com tanta suavidade que nem sentimos o impacto e nos esquecemos de julgar seu desempenho na direção, permitindo, em vez disso, que nos concentremos em desfrutar a paisagem. No entanto, nossas reações são bem diferentes quando estamos no mesmo carro, só que conduzidos por um motorista ruim que frequentemente faz paradas repentinas e viradas perigosas, afetando nosso equilíbrio e tirando o prazer da viagem, especialmente depois de percebermos que, para nossa sorte, ele escapou de capotar o carro, apesar de não ter evitado jogar-nos em um vala.

Guiados pelos exemplos citados, deveríamos então ter a sensatez de escolher como padrão de vida, nessa Era Moderna, aquele que exclui o constante "empurra-empurra", a correria, a superlotação e a competição frenética que tanto caracterizam o nosso dia a dia. Esse ritmo muito rápido é totalmente refletido em nossa maneira de ficar em pé, caminhar, sentar, correr e mesmo falar. Dessa forma, nossos nervos estão sempre operando em seu limite máximo, do início da manhã até a noite, privando-nos do sono, que é tão importante e necessário.

Sempre mantenha em sua mente o fato de que você não está interessado em simplesmente desenvolver músculos salientes, mas músculos flexíveis. Músculos salientes escondem e retardam a obtenção da flexibilidade, já que interferem no desenvolvimento correto dos músculos menos desenvolvidos. A flexibilidade verdadeira pode ser alcançada somente quando todos os músculos são uniformemente desenvolvidos. Os músculos normais deveriam funcionar naturalmente e da mesma maneira que os músculos dos animais. Na próxima oportunidade, preste atenção em um gato abrindo preguiçosamente os olhos, olhando lentamente ao seu redor e gradualmente se preparando para levantar depois de um cochilo. Primeiro, ele pouco a pouco levanta seus membros posteriores e depois volta a abaixá-los, ao mesmo tempo que se espreguiça no chão, aproveitando para esticar suas patas anteriores com suas garras e pernas estendidas. Observe atentamente como todos os músculos das costas ficam ondulados quando ele se estica e relaxa. Os gatos, assim como outros animais, adquirem esse ritmo ideal de movimento porque estão sempre se alongando e relaxando, afiando suas garras, retorcendo-se, curvando-se, virando, escalando, lutando e brigando. Observe também como os gatos dormem totalmente relaxados, não importa se estiverem de costas, de lado ou de barriga para baixo. Os exercícios da *Contrologia* enfatizam a necessidade desse alongamento e relaxamento constantes.

Antes de continuar, devemos falar sobre a coluna vertebral, à qual estão associadas praticamente todas as principais atividades de nosso corpo. A coluna é composta por 26 vértebras, cada qual separada por uma cartilagem intervertebral, que atua como uma almofada para absorver choques no caso de movimentos súbitos, reduzir a fricção a um nível mínimo, conferir flexibilidade característica e, dessa forma, permitir que ela funcione ainda mais livremente. A ciência da *Contrologia* refuta aquele ditado banal "Você é tão velho quanto se sente". A arte da *Contrologia* prova que o único guia real para a sua idade verdadeira não está nos anos ou em como você *acha* que se sente, mas em como você, *de fato*, é. Isso é indicado pelo grau de flexibilidade natural e normal apresentado por sua coluna durante toda a vida. Se sua coluna é inflexivelmente dura aos

30 anos, você é velho; se ela é completamente flexível aos 60, você é jovem.

Em virtude de má postura, praticamente 95% de nossa população sofrem de vários graus de curvatura da coluna, além de doenças mais sérias. Em uma criança recém-nascida, as costas são planas porque a coluna é reta. É claro, todos nós sabemos que essa é exatamente a intenção da natureza, não apenas na infância, mas durante toda a nossa vida. No entanto, essa condição ideal raramente é obtida na vida adulta. Quando a coluna se curva, todo o corpo é tirado de seu equilíbrio e alinhamento naturais. Observe diariamente milhares de pessoas com ombros arredondados e curvados e abdômen saliente. As costas seriam planas se a coluna fosse mantida reta como uma linha de prumo, e sua flexibilidade seria comparável à da melhor mola de um relógio de aço.

Felizmente, a coluna permite uma correção. Assim, nos exercícios em posições reclinadas, certifique-se de que, quando indicado, as costas se mantenham totalmente alongadas e sempre pressionadas firmemente contra o chão ou o colchonete. Quando se levantar do chão ou se deitar, sempre faça aquele movimento de "rolar" e "desenrolar", imitando exatamente uma roda equipada com "vértebras imaginárias" que rolam para a frente e para trás. Procure "rolar" e "desenrolar" vértebra por vértebra. Esses movimentos tendem, gradualmente, mas com certeza, a restaurar a posição normal da coluna como ao nascimento, com um aumento correspondente da flexibilidade. Ao mesmo tempo, você está esvaziando e voltando a encher os pulmões completamente em sua capacidade total. Isso, com certeza, requer persistência e força, mas vale a pena!

Seria um grave erro supor que apenas os exercícios da *Contrologia* sejam suficientes para transformar um homem ou uma mulher em uma pessoa totalmente bem-condicionada do ponto de vista físico. Para entender melhor, lembre-se de que os exercícios relacionados à boa forma física são, de alguma maneira, semelhantes ao relacionamento entre uma máquina ou pedra de afiar e um machado ou uma navalha. Por exemplo, quão óbvia é a resposta para uma pergunta tola como: "Qual dos dois cortadores de madeira, igualmente experientes, gritaria 'madeira' primeiro? Aquele com um machado ou serrote cego, ou aquele que tem o hábito de sempre afiar suas ferramentas todas as noites, ao se preparar para o próximo dia de trabalho?". Da mesma forma, uma dieta adequada e horas suficientes de sono devem suplementar o exercício, em nossa busca da boa forma física. Outro fator importante nessa conexão é o relaxamento, em intervalos determinados, durante todo o dia de trabalho, onde quer que seja possível fazê-lo, já que tal prática nos mantém fisicamente bem-condicionados depois de termos obtido a boa forma física. O homem que usa a inteligência com respeito à sua dieta, a seus hábitos de dormir e que se exercita corretamente está, sem sombra de dúvida, tomando os melhores medicamentos preventivos, oferecidos tão livre e abundantemente pela natureza.

Nunca deixe de tomar sol e de respirar todo o ar puro que puder. Lembre-se de que seu corpo também "respira" pelos poros de sua pele, bem como pela boca, pelo nariz e pelos pulmões. Uma pele limpa e de poros abertos permite que a transpiração elimine, sem interrupções, os venenos de seu corpo. A menos que você esteja realmente com muito frio, não pratique exercícios usando roupas de moletom nem mesmo trajes mais leves. Sempre e onde for possível, vista *shorts* ou maiô quando estiver ao ar livre e permita que os raios vitais ultravioleta atinjam e penetrem cada poro da sua pele. Não tema o frio do inverno. Quando estiver ao ar livre, prefira as roupas mais largas às mais justas, sem esquecer, é claro, a importância de usar calçados confortáveis e fortes. Respire e ande corretamente, siga seu rumo com rapidez. Se você seguir esse bom conselho, vai se sentir confortável e revigorado.

O ponto principal a ser lembrado na dieta é alimentar-se com uma quantidade suficiente para restaurar o "combustível" consumido pelo corpo e para manter uma reserva de energia, requerida em ocasiões além das nossas necessidades normais e em situações de emergência. Comer pelo simples fato de satisfazer os desejos por boa comida é uma tolice e um perigo para a saúde. A pessoa que age assim nunca ficará verdadeiramente bem-condicionada. Isso não é de se espantar! Os jovens e as crianças em crescimento precisam naturalmente de um consumo maior de alimentos que os adultos e os idosos. Os primeiros estão amadurecendo, e os últimos já amadureceram.

Tanto a quantidade de comida como também o tipo de alimento devem variar de acordo com a ocupação de uma pessoa e, às vezes, a falta de ocupação. Não é razoável concluir que um trabalhador sedentário que se encontra em ambientes internos requeira proporcionalmente menos alimento e de tipo diferente do de um operário envolvido com trabalho manual pesado em ambientes externos? Comer muito e depois se sentar, ou mesmo deitar, acordado ou dormindo, é como sobrecarregar uma lareira com carvão e depois fechar as saídas da fornalha. O primeiro exemplo é ideal para gerar "venenos" que, eventualmente, seguirão para dentro de sua corrente sanguínea. O último exemplo é ideal se seu objetivo é abrandar o fogo, sem um calor adequado, em vez de produzir um fogo ardente, que emita seu calor reconfortador pela casa. Você tem a escolha em ambos os casos. O bom-senso pressupõe que você tome a decisão correta. Um homem que se alimenta com uma refeição pesada e se entrega a uma atividade vigorosa reagirá do mesmo modo que uma fornalha com as saídas abertas reage ao fogo em uma lareira bem cheia. Desse modo, é preciso que você guie e controle seus hábitos alimentares, respeitando a quantidade e o tipo de comida de que você precisa para se manter fisicamente em forma, sempre de acordo com sua ocupação ou com a falta dela.

Geralmente, os homens acostumados a trabalhar duro em uma fazenda, a se esforçar bastante em atividades atléticas escolares ou a trabalhar pesado em uma fábrica continuam a se alimentar com refeições ricas em calorias, mesmo estando envolvidos agora com ocupações internas sedentárias, para as quais as refeições moderadas são mais indicadas. Essa prática não é muito sábia, uma vez que, desnecessariamente, adiciona um peso excessivo, grande parte gordura indesejável. Se o homem fosse um hibernante, essa gordura poderia servir da mesma maneira que para os animais que hibernam no inverno, quando usam o estoque de uma reserva de energia por instinto, durante um longo período de inatividade e "sono". Considerando que o homem não é uma criatura que hiberna, tal excesso de gordura é um verdadeiro prejuízo a ele, impondo uma carga pesada sobre o coração, o fígado, a bexiga e outros órgãos vitais do sistema digestivo. Ainda piores para o homem são a formação e o acúmulo de gordura diretamente ao redor do próprio coração, o que não é natural. Carregar esse peso extra causa cansaço desnecessário. Imagine-se, por exemplo, carregando uma mala de viagem bem cheia, pesando cerca de nove quilos. Por um ou dois quarteirões, tudo segue relativamente bem, mas a cada novo quarteirão, a necessidade de descansar cresce proporcionalmente, até que o cansaço o vence e o faz parar. É inacreditável como você se sente aliviado depois de chegar ao seu destino! Você está fazendo a mesma coisa quando insiste em carregar cerca de nove quilos de peso excessivo, mas não sente tanto porque o peso é carregado por todo o corpo, e não apenas por um braço, como no caso da mala. No entanto, o cansaço estará presente em ambos os casos. Por que não se livrar de verdade dessa "bagagem excessiva"?

Depois de adquirido, infelizmente não é tão fácil livrar-se do excesso de peso. Entretanto, isso pode ser feito! Consulte o médico da família para averiguar seu estado físico regularmente e depois siga seus conselhos e instruções à risca. Todo adulto com mais de 40 anos não deveria privar-se dos benefícios de exames médicos realizados a cada três meses. Uma vez por ano deve ser o suficiente para os mais jovens, a não ser que as condições indiquem o contrário. Mesmo nesse caso, seria prudente ir ao médico duas vezes ao ano. Se essa sugestão for seguida, doenças ocultas poderão ser descobertas em seus estágios iniciais de desenvolvimento. Dessa forma, o "avanço" de uma doença longa e grave talvez pudesse ser "cortado pela raiz".

Se alguma parte do seu corpo estiver menos desenvolvida ou apresentar um acúmulo excessivo de gordura, selecione os exercícios da *Contrologia* direcionados à correção de tais condições, repetindo os movimentos em intervalos determinados durante todo o seu dia de trabalho, sempre que possível. No entanto, *nunca repita os exercícios selecionados mais do que o número de vezes prescrito*, pois isso vai prejudicar mais do que ajudar, quando você, intencionalmente ou não, desconsiderar esse importante conselho e instrução. Por quê? Porque essa infração cria uma fadiga muscular "venenosa". Realmente, não há razão para deixarmos nossos músculos cansados. Uma escolha prudente de exercícios da *Contrologia*, em conjunto com o conselho anterior, ajudará a melhorar as condições de sua saúde e de seu corpo mais do que qualquer outra coisa.

Agora, vamos considerar a importante questão de um bom sono durante a noite. O melhor é um quarto calmo, fresco e bem ventilado. Não utilize um colchão muito macio. "Firme, mas não macio" é uma boa regra a seguir. Use o cobertor mais leve que puder para se aquecer. Não use travesseiros grandes e volumosos (ou dois travesseiros, como algumas pessoas gostam de fazer) – melhor ainda, não utilize nenhum.

Os fatores mais importantes para se desfrutar de um sono restaurador são o silêncio, a escuridão, o ar fresco e a calma mental. O nervosismo é geralmente agravado pela falta de exercícios apropriados, principalmente no caso daqueles que têm uma mente problemática. O melhor alívio nesse caso é o exercício. Portanto, se sofrer de insônia, levante-se imediatamente e faça seus exercícios. É bem melhor cansar-se com exercícios físicos do que estar cansado por causa do "veneno" gerado pela tensão de quando nos deitamos e não conseguimos dormir. Nesse caso, recomendamos os exercícios que massageiam a coluna, de "rolar" e "desenrolar", e que relaxam os nervos e induzem a um sono bom e tranquilo.

Apesar de hoje em dia praticamente todos se entregarem a uma rotina de banhos diários, a experiência nos ensinou que, do nosso ponto de vista, apenas a minoria realmente atinge o objetivo de ficar limpo. Em nossa opinião, a técnica correta para se alcançar esse resultado tão desejado é utilizar apenas uma boa esponja dura sem cabo, já que esse tipo de esponja nos força a nos curvarmos, retorcermos e contorcermos em todas as nossas tentativas de alcançar cada parte do corpo, o que seria comparativamente mais fácil de fazer com uma esponja com cabo. O uso de uma boa esponja mais dura estimula a circulação, limpa totalmente os poros e remove a pele morta. Os poros necessitam "respirar" – eles não podem fazer isso se não forem mantidos abertos e livres de entupimentos. Sua pele reagirá satisfatoriamente a esse tratamento aparentemente rigoroso e adquirirá, durante o processo, uma aparência nova, limpa e radiante, desenvolvendo uma textura macia e sedosa ao ser tocada. Então, esfregue com alegria e entusiasmo!

Finalmente, retornando à lição introdutória, cada exercício deve ser dominado antes de se passar progressivamente aos próximos. Estude cada um deles com atenção e não tente fazer qualquer outro sem antes ter dominado o que está fazendo no momento, sabendo sua sequência até o último detalhe, sem olhar no texto. Tenha certeza de que todo o seu corpo estará sob o controle completo da mente.

Os resultados da Contrologia

Uma boa postura pode ser adquirida com sucesso somente quando todo o mecanismo do corpo estiver sob controle perfeito. Naturalmente, isso é acompanhado de um andar gracioso. Da mesma forma que um bom e suave motor de automóvel em funcionamento é o resultado da união correta das partes, para que ele opere consumindo o mínimo de gasolina e óleo, assim também o funcionamento correto de seu corpo é o resultado direto do conjunto de exercícios da *Contrologia*, os quais produzem uma estrutura harmoniosa que reflete a boa forma física pela coordenação e pelo equilíbrio da união de três partes: corpo, mente e espírito. Isso resulta em uma postura perfeita ao sentar-se, ficar em pé ou andar, utilizando aproximadamente 25% da sua energia, enquanto os 75% restantes permanecem na forma de uma reserva extra de energia, "na espera" de atender às necessidades, em caso de qualquer emergência.

A arte de andar corretamente consiste, simples e principalmente, em uma leve inclinação à frente da postura ereta adequada, alternando a posição de um pé antes do outro com o peso do corpo equilibrado sobre os metatarsos. Tome cuidado para não travar os joelhos durante esse movimento, pois isso causará um choque na coluna e interromperá o movimento rítmico de caminhar.

O movimento de ficar em pé também é importante e deveria ser sempre praticado, até ser dominado. Primeiro, assuma a postura correta; quando se cansar, transfira o peso do seu corpo de um lado para outro, enquanto descansa no lado "inativo". Não force seu quadril nem trave os joelhos. Incline-se para a frente em um leve movimento de balanço, como o de uma brisa sobre uma plantação de trigo que está pronta para ser colhida e que faz as plantas balançarem graciosamente em "ondas", dos pés a cabeça. Nunca ande relaxado, já que isso comprime os pulmões, sufoca outros órgãos vitais ao redor de sua coluna e tira o equilíbrio criado pelo peso do corpo sobre os metatarsos.

Se você seguir as instruções rigorosamente, a começar pela lição introdutória, com certeza adquirirá uma forma física correta com o controle mental necessário. Você vai se desenvolver com base na sólida estrutura da *Contrologia*, formada por princípios científicos tão verdadeiros, bons e únicos que essa ciência e arte durarão para sempre. Como você progride em sua autoinstrução, você nunca tem nada para "desaprender". Na verdade, esses exercícios se tornarão uma parte armazenada com segurança e para sempre em seu subconsciente. Você, que aprendeu corretamente a andar de bicicleta, nadar ou dirigir um automóvel, nunca precisará se preocupar com a possibilidade de não conseguir usar a técnica correta nesses movimentos, seja qual for a ocasião, porque se criou uma confiança ao receber as instruções da melhor fonte disponível. Da mesma forma, a aquisição e a prática da arte e da ciência da *Contrologia* infundirá em você aquela confiança que será mantida para sempre para uso futuro, como as ocasiões indicarão. Trata-se apenas de uma questão de *redefinir* os músculos que, entrementes, ficaram flácidos em razão da falta de uso.

Com o corpo, a mente e o espírito funcionando perfeitamente como um todo, o que mais se poderia esperar além de uma pessoa ativa, atenta e disciplinada? Mais que isso, um corpo livre da tensão nervosa e do cansaço excessivo é o abrigo ideal oferecido pela natureza para manter uma mente bem equilibrada, que é sempre capaz de enfrentar os problemas da vida moderna. Problemas pessoais são claramente esquecidos e calmamente solucionados.

A aquisição e o aproveitamento do bem-estar físico, da calma mental e da paz espiritual não têm preço para seus possuidores, isso se houver alguém tão afortunado entre nós nos dias de hoje. No entanto, este é o ideal pelo qual temos de lutar e, em minha opinião, somente por meio da *Contrologia* essa tríade única de equilíbrio entre corpo, mente e espírito pode ser alcançada. A confiança em si mesmo vem a seguir. Os antigos atenienses sabiamente adotaram como sua própria a crença romana: *Mens sana in corpore sano* (Mente sã em corpo são). E os gregos, como pessoas, mostraram uma sabedoria ainda maior quando puseram em prática o que pregaram e chegaram o mais perto possível de alcançar seu objetivo. A autoconfiança e a consciência de que você possui a força para atender aos seus desejos, com animado interesse pela vida, são resultados naturais da prática da *Contrologia*. Assim, nós alcançamos a felicidade, pois a verdadeira felicidade não nasce realmente da percepção do valor do trabalho bem feito, com a gratificação de desfrutar de outros prazeres decorrentes dessa realização bem-sucedida, com a medida compensadora de "diversão" e consequente relaxamento?

Portanto, em sua busca louvável de tudo aquilo que está implícito na trindade de atributos divinos, que apenas a *Contrologia* pode lhe oferecer, damos não um adeus, mas um *au revoir*,[2] com os votos sinceros de que seu esforço resulte em um sucesso merecido, seguido de felicidade infinita para você e os seus.

---

[2] *Até logo*. Traduzido do francês.

Os exercícios

1 Cem*

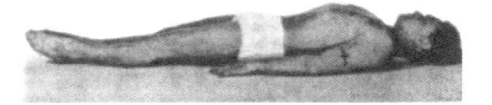

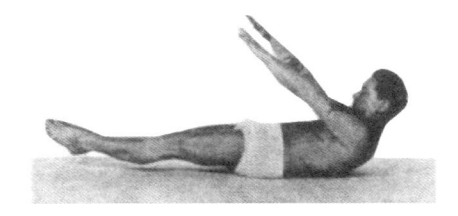

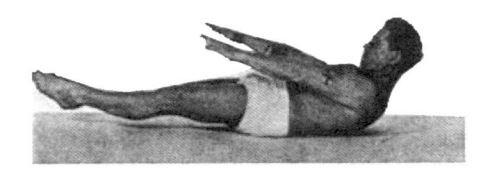

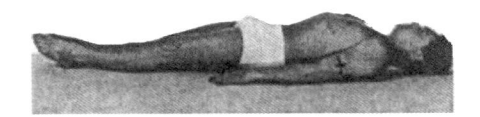

---

* No original em inglês, *the hundred*.

Instruções

Posição 1

- posicione-se conforme ilustrado;
- deite-se esticado sobre o colchonete ou o chão;
- estenda os braços para a frente (na largura dos ombros, tocando o corpo, com as palmas para baixo);
- estenda as pernas para a frente (bem juntas, joelhos travados);
- estenda os dedos dos pés (apontando) para a frente e para baixo.

Posição 2

- *inspire lentamente*;
- eleve os pés 5 cm acima do colchonete ou do chão;
- eleve a cabeça com os olhos focados nos dedos dos pés;
- eleve os braços aproximadamente 15 a 20 cm acima das coxas.

Posição 3

- *expire lentamente*;
- eleve e abaixe os braços (rigídos);
- agora, eleve apenas a partir dos ombros sem tocar o corpo em um raio de aproximadamente 15 a 20 cm;
- mentalmente, conte cinco movimentos enquanto *expira lentamente*;
- alterne com cinco movimentos similares enquanto *inspira lentamente*;
- inicie com apenas vinte movimentos e, gradualmente, adicione, a cada vez, séries de cinco movimentos, até que se alcance o máximo de cem movimentos;
- nunca exceda cem movimentos.

Posição 4

- Relaxe completamente.

Observações

De início, você provavelmente não conseguirá seguir as instruções conforme ilustradas nas fotos – isso prova como estes e os demais exercícios serão bons para você. No entanto, com paciência e perseverança, você deverá finalmente conseguir alcançar os objetivos demonstrados, acompanhados de uma saúde normal.

2 Rolamento para cima*

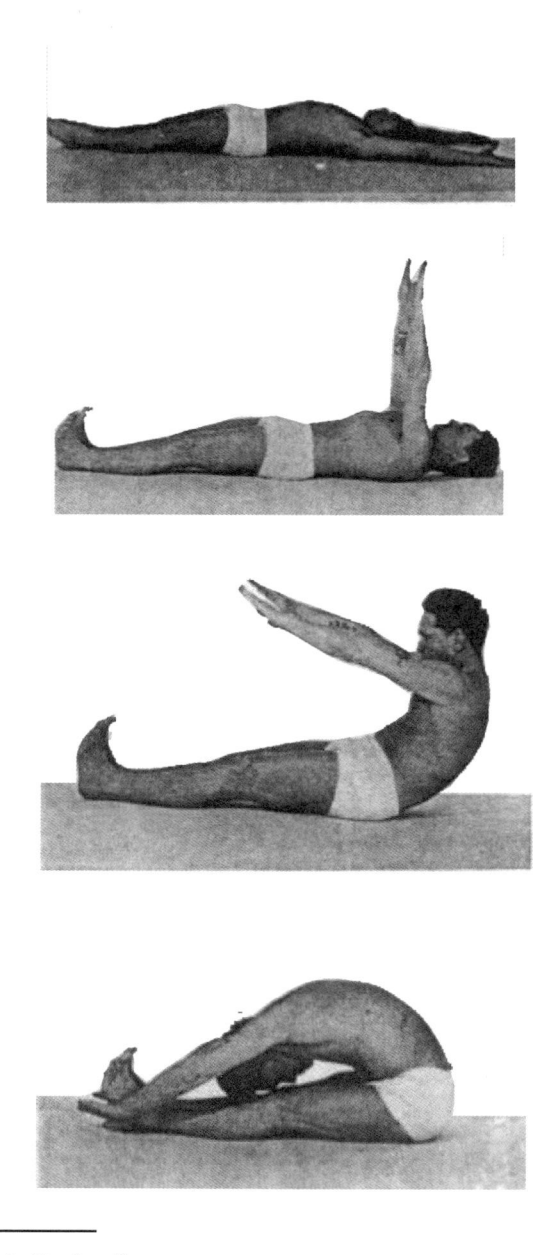

---

* No original em inglês, *the roll up*.

Instruções

Posição 1

- deite-se apoiando todo o corpo no colchonete ou no chão;
- estenda os braços para trás (na largura dos ombros, com as palmas das mãos para cima);
- estenda as pernas para a frente (bem juntas, joelhos travados);
- estenda os dedos dos pés (apontando) para a frente e para baixo.

Posição 2

- inicie *inspirando lentamente* e traga os braços (largura dos ombros) estendidos para a frente e para cima, criando um ângulo de 90º;
- deixe os dedos dos pés (apontando) para cima.

Posição 3

- enquanto continua *inspirando lentamente*, incline a cabeça para a frente e para baixo até o queixo tocar o peito;
- inicie *expirando lentamente* e comece a "rolar" vagarosamente para cima e para a frente.

Posição 4

- enquanto *expira lentamente*, termine "rolando" para a frente até a testa tocar as pernas;
- inicie *inspirando lentamente*, enquanto retorna para a posição 3 e, a seguir, para as posições 2 e 1.

Nota

Repita o exercício três vezes, tentando, a cada repetição, não apenas alongar o corpo cada vez mais, mas também alcançar mais e mais para a frente, como indicado.

Precauções

Posição 1 – Toda a coluna deve tocar o colchonete ou o chão. O corpo deve estar estendido (não flexione os braços ou as pernas).

Posição 3 – Pressione as pernas contra o colchonete ou o chão. Se na primeira tentativa não conseguir, coloque uma almofada sobre os pés para auxiliar.

Posição 4 – As pernas devem permanecer no colchonete ou no chão (joelhos travados). As palmas das mãos devem ficar estendidas sobre o colchonete ou o chão (braços estendidos para a frente).

Observações

Este exercício fortalece a musculatura abdominal e restaura a posição natural da coluna.

3 Rolamento para trás com pernas afastadas*

---

* No original em inglês, *the roll over with legs spread* (*both ways*).

Instruções

Posição 1

- posicione-se conforme ilustrado;
- deite-se estendido sobre o colchonete ou o chão;
- estenda os braços para a frente (na largura dos ombros, tocando o corpo, palmas das mãos para baixo);
- estenda as pernas para a frente (joelhos unidos);
- estenda os dedos dos pés (apontando) para a frente e para baixo.

Posição 2

- *inspire lentamente*;
- inicie elevando as pernas para cima e para trás, até que os dedos dos pés toquem o colchonete ou o chão;
- *expire lentamente*;
- pressione firmemente os braços contra o colchonete ou o chão;
- deixe as pernas estendidas (e afastadas o máximo possível).

Posição 3

- *inspire lentamente*;
- inicie "rolando" lentamente para baixo com as pernas estendidas (e afastadas o máximo possível), até a coluna tocar o colchonete ou o chão;
- *expire lentamente* enquanto retorna à posição ilustrada na próxima foto;
- deixe as pernas aproximadamente 5 cm acima do colchonete ou do chão.

Nota

Repita o exercício cinco vezes com as pernas unidas no início do primeiro movimento e cinco vezes com as pernas afastadas o máximo possível no início do segundo movimento.

Precauções

Posição 3 – Mantenha as pernas afastadas e estendidas o máximo possível (joelhos travados). Desenrole o corpo para baixo lentamente, uma vértebra de cada vez.

Posição 4 – Mantenha a coluna e a cabeça firmemente pressionadas contra o colchonete ou o chão.

4 Círculo com uma perna*

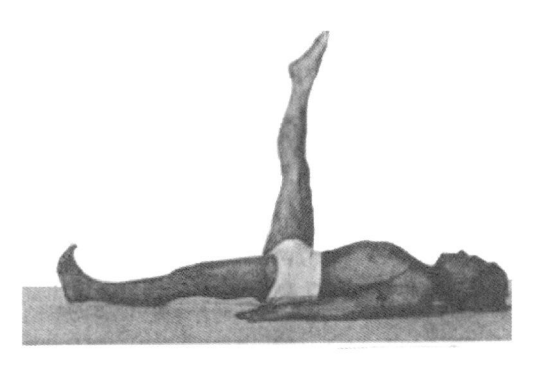

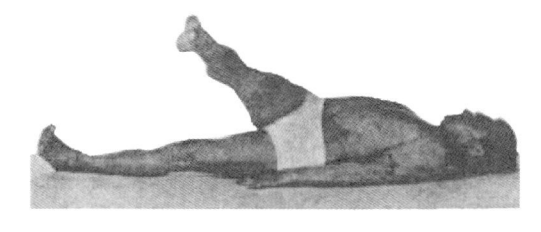

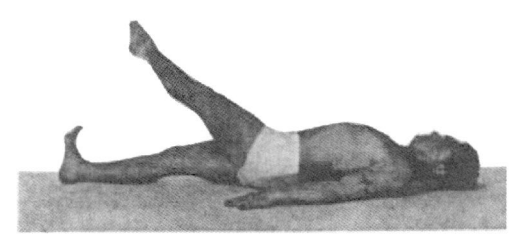

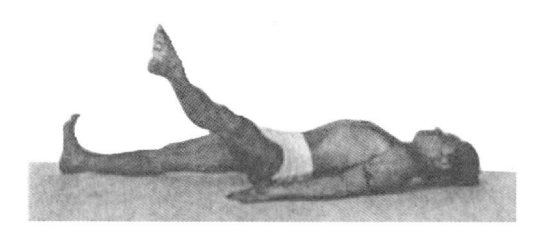

---

*No original em inglês, *the one leg circle* (*both legs*).

Instruções

Posição 1

- deite-se estendido sobre o colchonete ou o chão;
- estenda os braços para a frente (na largura dos ombros, tocando o corpo, com as palmas das mãos para baixo);
- eleve a perna direita em direção ao teto, formando um ângulo de 90º;
- estenda os dedos dos pés, apontando para a frente e para baixo;
- os dedos do pé esquerdo devem apontar para cima.

Posição 2

- inicie *expirando lentamente*, enquanto abaixa a perna direita, fazendo um círculo completo da esquerda para a direita (no ar) sobre a coxa esquerda;
- inicie *inspirando lentamente* ao executar o movimento com a perna direita para cima, completando o círculo;
- inicie *expirando lentamente,* enquanto abaixa a perna esquerda, fazendo um círculo completo da direita para a esquerda (no ar) sobre a coxa direita;
- inicie *inspirando lentamente* ao levantar a perna esquerda, completando o círculo.

Posições 3 e 4

- inicie *inspirando lentamente* ao levantar a perna esquerda, enquanto faz um círculo completo (no ar), da direita para a esquerda sobre o tornozelo direito;
- inicie *expirando lentamente* ao abaixar a perna esquerda, completando o círculo;

- inicie *inspirando lentamente* ao levantar a perna direita, enquanto faz um círculo completo (no ar), da esquerda para a direita, sobre o tornozelo esquerdo;
- inicie *expirando lentamente* ao abaixar a perna direita, completando o círculo.

Nota

Repita o exercício cinco vezes com cada perna.

Precauções

Posição 1 – Os dedos dos pés da perna direita devem apontar para a frente e para baixo (joelho travado). Mantenha a perna esquerda (joelho travado) estendida sobre o colchonete ou o chão com os dedos dos pés "esticados" para cima e para trás (pés flexionados). Ombros e cabeça devem permanecer apoiados no colchonete ou no chão.

Posição 2 – Semelhante à posição 1, mas observe que o lado direito do quadril é elevado.

Posição 4 – Semelhante à posição 2, mas observe que o lado esquerdo do quadril é elevado. "Balance" as pernas para a esquerda e para a direita o máximo possível durante os círculos. Ombros e cabeça devem permanecer apoiados no colchonete ou no chão.

---

5 Rolamento para trás[*]

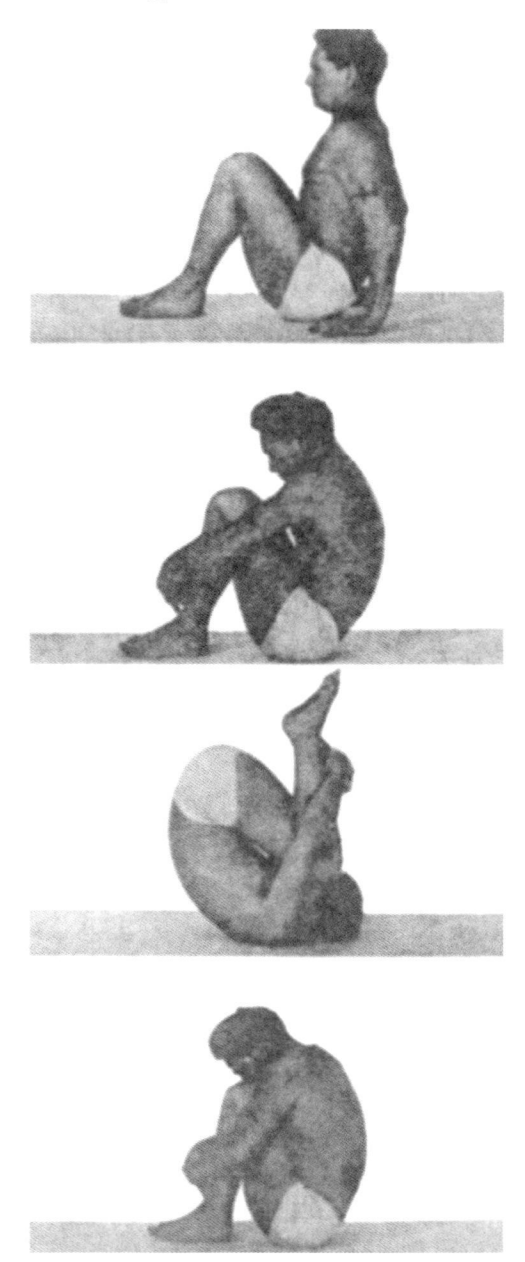

---

[*] No original em inglês, *rolling back*.

Instruções

Posição 1

- Posicione-se conforme ilustrado.

Posição 2

- segure as pernas e comprima bem, prendendo-as com os braços;
- procure pressionar as coxas em direção ao peito;
- incline a cabeça para a frente e para baixo, com o queixo tocando o peito;
- mantenha os dedos dos pés (apontados) para a frente e para baixo.
- *inspire lentamente*;
- "balance-se" para trás para se colocar na posição 3.

Posição 3

- *expire lentamente;*
- retorne para a posição 2.

Nota

Repita o exercício seis vezes.

Precauções

Posição 2 – Pressione o peito para dentro, mantenha a coluna arredondada, a cabeça para baixo e os pés distantes do colchonete ou do chão.

---

6 Alongamento de uma perna[*]

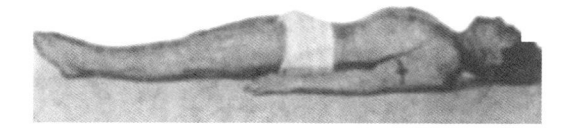

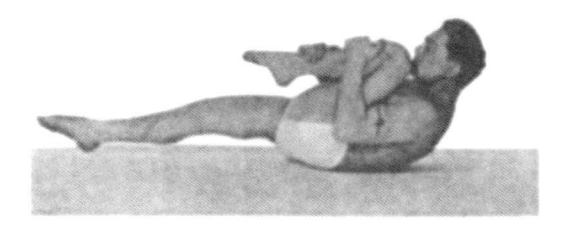

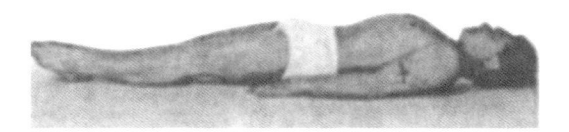

---

[*] No original em inglês, *the one leg stretch*.

Instruções

Posição 1

- Deite-se estendido sobre o colchonete ou o chão.

Posição 2

- incline a cabeça para a frente até o queixo tocar o peito;
- enquanto *inspira lentamente*, entrelace as mãos e "puxe" a perna direita o máximo possível em direção ao peito;
- mantenha a perna esquerda estendida para a frente (joelho travado);
- estenda os dedos dos pés (apontando) para a frente e para baixo, com o calcanhar elevado (aproximadamente 5 cm).

Posição 3

- enquanto *expira lentamente*, entrelace as mãos e "puxe" a perna esquerda o máximo possível em direção ao peito;
- mantenha a perna direita estendida para a frente (joelho travado);
- estenda os dedos dos pés (apontados) para a frente e para baixo, com o calcanhar elevado (aproximadamente 5 cm).

Nota

Repita o exercício cinco vezes com cada perna. Mais adiante o número de repetições poderá aumentar gradual e progressivamente, com segurança, para doze repetições com cada perna.

Precauções

Posição 2 – O queixo deve tocar o peito. Você precisa enxergar os dedos dos seus pés, e os calcanhares devem ser elevados (aproximadamente 5 cm).

---

7 Alongamento de duas pernas

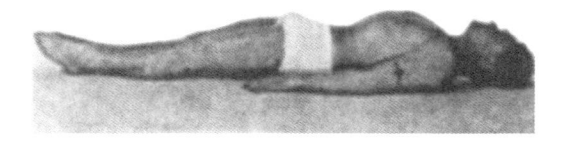

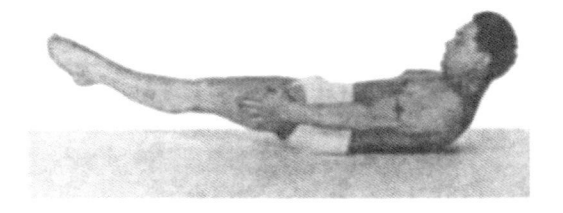

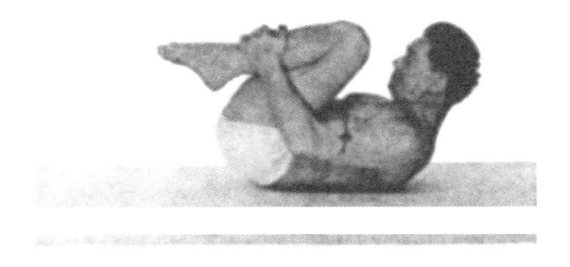

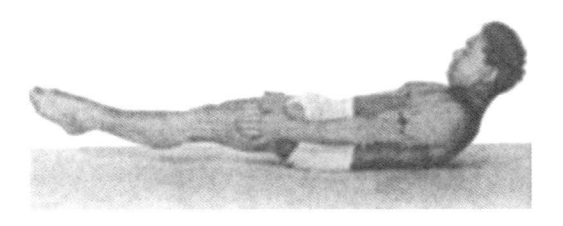

˙No original em inglês, *the double leg stretch*.

Instruções

Posição 1

- posicione-se conforme ilustrado;
- estenda o corpo sobre o colchonete ou o chão;
- mantenha as pernas unidas e estendidas para a frente;
- deixe os joelhos travados;
- mantenha os dedos dos pés apontando para a frente e para baixo;
- deixe os braços estendidos para a frente, ao lado do corpo;
- as palmas das mãos devem ficar viradas para baixo.

Posição 2

- *inspire lentamente*;
- mantenha a cabeça elevada e o queixo ao peito;
- mantenha os braços estendidos para a frente e pressionados firmemente contra as coxas;
- deixe os calcanhares elevados aproximadamente a 5 cm do colchonete ou do chão;
- as palmas das mãos devem estar viradas para dentro.

Posição 3

- *expire lentamente*;
- "puxe" as pernas para cima e para a frente, com os pulsos travados/estendidos;
- "puxe" as pernas em sua direção e pressione-as firmemente contra o peito.

Posição 4

- *inspire lentamente*.

Nota

Repita o exercício seis vezes. Mais adiante, até doze vezes.

Precauções

Posição 2 – A cabeça deve permanecer firmemente pressionada contra o peito. Mantenha o abdômen contraído e os calcanhares elevados aproximadamente a 5 cm do colchonete ou do chão.

8 Alongamento da coluna*

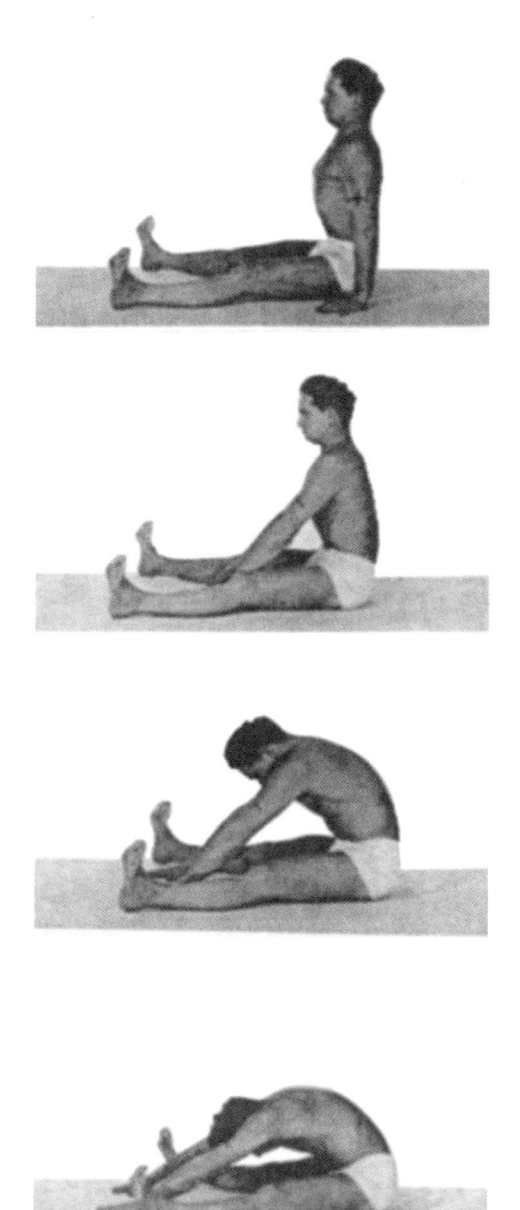

Instruções

Posição 1

- posicione-se conforme ilustrado;
- afaste as pernas o máximo possível;
- "puxe" os dedos dos pés apontando para cima e para trás.

Posição 2

- apoie as palmas das mãos no colchonete ou no chão;
- mantenha os braços e as palmas das mãos estendidos sobre o colchonete ou o chão e o queixo tocando o peito;
- inicie alongando para a frente durante três movimentos consecutivos de "deslizamento", alongando-se para a frente tanto quanto possível, até atingir as posições ilustradas nas fotos 3 e 4.

Nota

Repita o exercício três vezes, tentando, a cada repetição, alcançar mais à frente, como indicado.

Precauções

Posição 4 – Continue expirando lentamente, mantendo o abdômen "contraído" e o queixo pressionado firmemente contra o peito.

---

9 Rolamento com pernas afastadas*

___

* No original em inglês, *rocker with open legs*.

Instruções

Posição 1

- posicione-se conforme ilustrado.

Posição 2

- flexione os joelhos;
- *inspire lentamente.*

Posição 3

- segure os tornozelos firmemente;
- deixe os dedos dos pés apontandos para a frente e para baixo (joelhos travados);
- estenda as pernas para cima e para fora o máximo possível;
- mantenha o abdômen contraído para dentro o máximo possível, com o queixo tocando o peito.

Posição 4

- *expire lentamente*;
- "role" para trás, tentando alcançar com os dedos o colchonete ou o chão.

Nota

Repita o exercício "balançando" para trás e para a frente seis vezes.

Precauções

Posição 3 – Mantenha os braços e as pernas rígidos (cotovelos e joelhos travados). "Equilibre-se" na base da coluna, "balance" para trás como na posição 4 e, depois, "balance" para a frente, pressionando a cabeça firmemente contra o peito, ao mesmo tempo que estende os braços firmemente para a frente, segurando as pernas até atingir a posição 3. Procure equilibrar seu corpo nessa posição.

10 Saca-rolhas*

Posição 1

- posicione-se conforme ilustrado;
- toda a coluna deve estar apoiada no colchonete ou no chão;
- mantenha os braços estendidos para a frente, tocando o corpo;
- deixe as palmas das mãos viradas para baixo.

Posição 2

- *inspire lentamente*;
- eleve as pernas (unidas), "circulando" para cima;
- deixe o corpo apoiado nos ombros, nos braços e na cabeça;
- deixe os joelhos travados;
- mantenha os dedos dos pés apontados para a frente e para baixo.

Posição 3

- *expire lentamente*;
- abaixe as pernas (unidas), mas sem tocar o colchonete ou o chão;
- deixe os joelhos travados;
- mantenha os dedos dos pés apontados para a frente e para baixo;
- rotacione o tronco como um "saca-rolhas", até que o lado esquerdo do corpo esteja parcialmente inclinado no colchonete ou no chão.

Posição 4

- *inspire lentamente*;
- faça um círculo completo da direita para a esquerda e para cima, elevando as pernas o máximo possível, e retorne para a posição 2.

Posição 3

- *expire lentamente*;
- abaixe as pernas (unidas), mas não em direção ao colchonete ou ao chão;
- deixe os joelhos travados;
- mantenha os dedos dos pés apontados para a frente e para baixo;
- rotacione o tronco como um "saca-rolhas", até que o corpo esteja parcialmente inclinado para o lado esquerdo, mas sem tocar o colchonete ou o chão.

Posição 4

- *inspire lentamente*;
- faça um círculo completo da esquerda para a direita e para cima, elevando as pernas o máximo possível, e retorne para a posição 2.

Nota

Repita o exercício três vezes para cada lado.

Precauções

Posições 3 e 4 – Enquanto estiver "circulando", mantenha os ombros pressionados contra o colchonete ou o chão. Deixe os braços estendidos.

Observações

Este exercício fortalece o pescoço e os ombros e faz uma massagem interna na coluna.

11 Serrote*

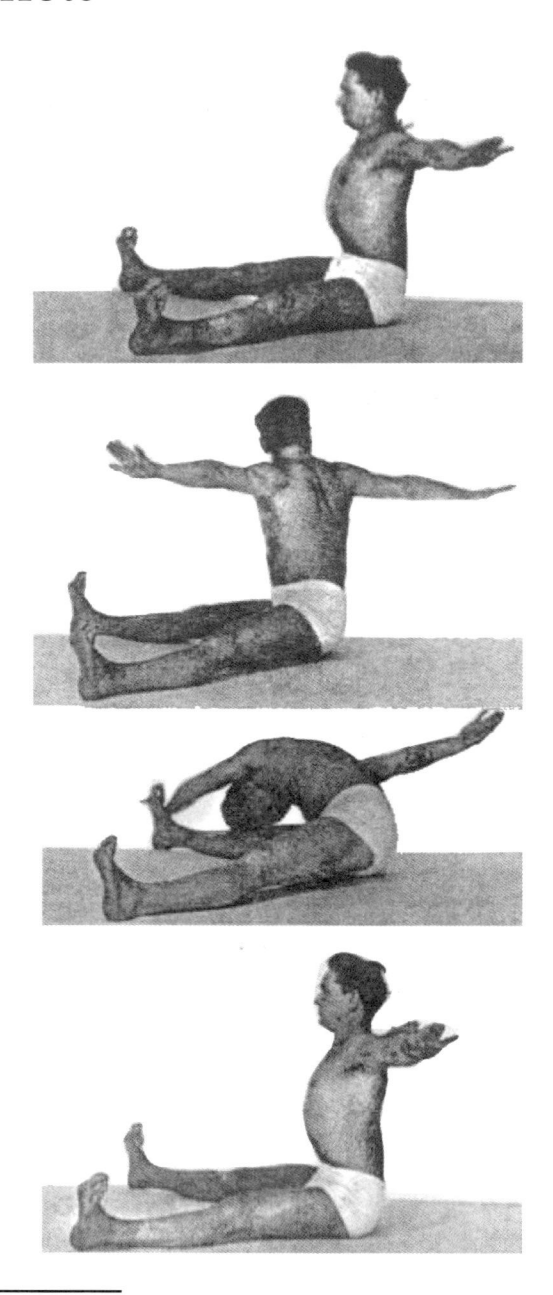

_____

* No original em inglês, _the saw_.

Instruções

Posição 1

- posicione-se conforme ilustrado;
- afaste as pernas o máximo possível;
- deixe a cabeça elevada e o queixo em direção ao peito;
- mantenha o peito aberto e o abdômen contraído;
- deixe os braços (na altura dos ombros) pressionados para trás até a imobilização das escápulas;
- *inspire lentamente.*

Posição 2

- rotacione o tronco para a direita o máximo possível.

Posição 3

- incline-se para a frente e para baixo o máximo possível, até que a mão esquerda cruze com o pé direito e se apoie diagonal e centralizadamente sobre ele;
- *expire lentamente,* enquanto alonga o corpo para a frente o máximo possível durante três deslizes sucessivos, como uma "serra".

Posição 4

- retorne à posição ilustrada;
- *inspire lentamente.*

Posição 2

- rotacione o tronco para a esquerda o máximo possível.

Posição 3

- incline-se para a frente e para baixo o máximo possível, até que a mão direita cruze com o pé esquerdo e se apoie diagonal e centralizadamente sobre ele;
- *expire lentamente*, enquanto alonga o corpo para a frente o máximo possível durante três deslizes sucessivos, como uma "serra".

Nota

Repita o exercício três vezes para cada lado.

Precauções

Posição 2 – Torça o corpo antes de se inclinar para a frente, como na posição 3.

Posição 3 – Estenda o braço elevando-o o máximo que puder, para trás e para cima, como indicado nesta posição.

---

12 Mergulho do cisne[*]

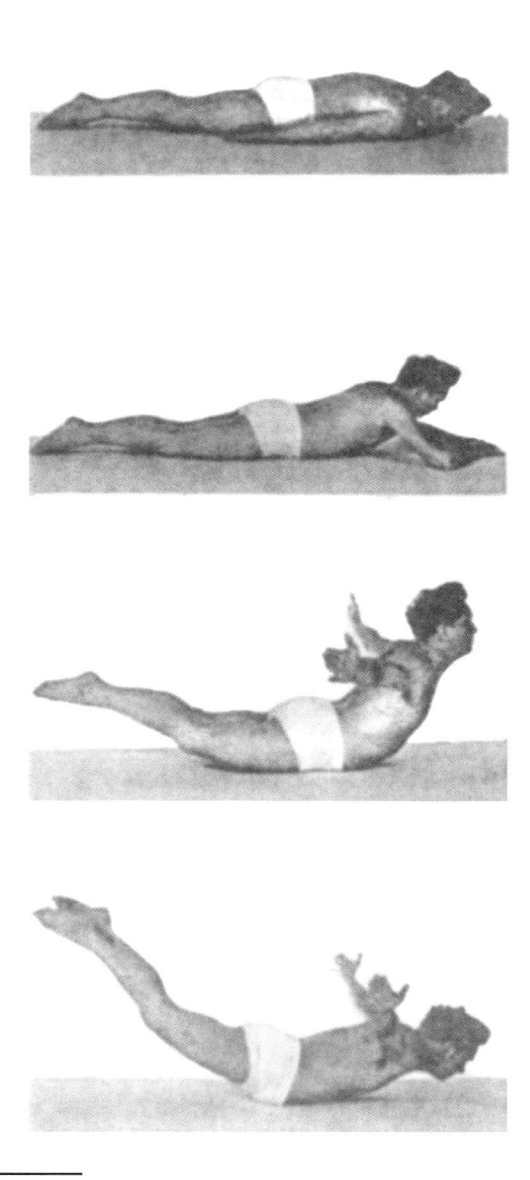

Instruções

Posições 1 e 2

- posicione-se conforme ilustrado.

Posição 3

- *inspire lentamente*;
- mantenha a cabeça elevada para cima e para trás o máximo possível;
- mantenha o peito elevado do colchonete ou do chão;
- eleve os braços para cima e para os lados, de maneira que se alinhem com os ombros travados;
- vire as palmas das mãos para cima (da direita para a esquerda);
- deixe as pernas (unidas) estendidas e elevadas do colchonete ou do chão;
- deixe os dedos dos pés (apontados) para a frente e para baixo e os joelhos, travados;
- mantenha o corpo rígido e a coluna, travada.

Posição 4

- *expire lentamente*, enquanto "balança" para a frente;
- *inspire lentamente*, enquanto "balança" para cima.

Nota

Repita o exercício "balançando" seis vezes.

Precauções

Posição 3 – Mantenha a coluna e os braços rígidos, as pernas elevadas do colchonete ou do chão, a cabeça para trás e os ombros travados.

---

13 Chutes com uma perna[*]

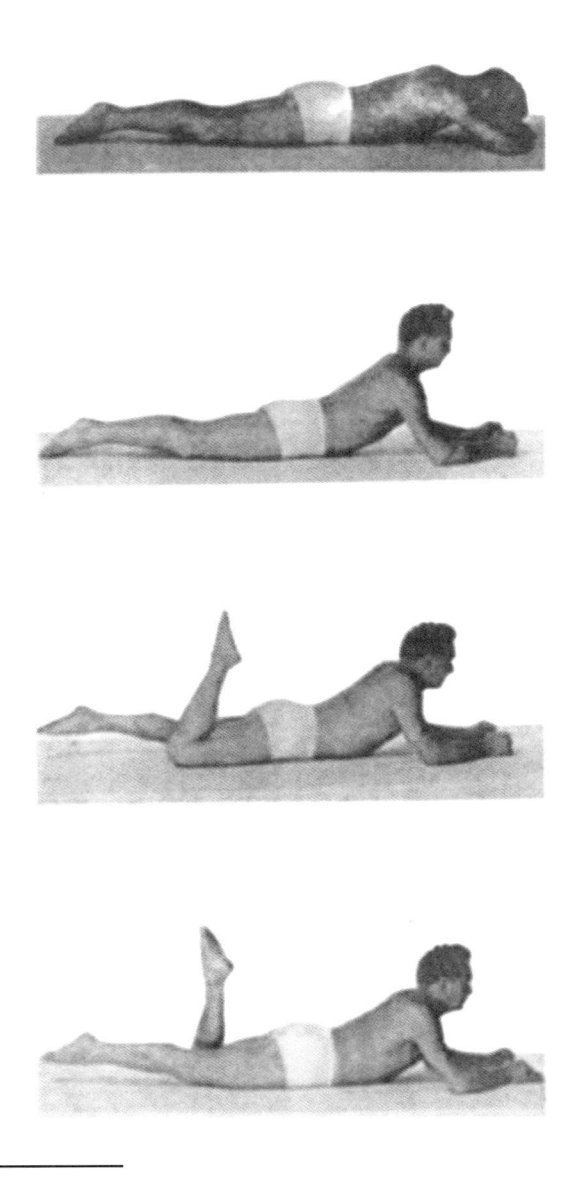

---

[*] No original em inglês, *the one leg kick*.

Instruções

Posição 1

- posicione-se conforme ilustrado;
- mantenha os braços flexionados e firmemente pressionados à frente do corpo, com os punhos cerrados e virados para baixo;
- o queixo deve tocar o colchonete ou o chão;
- os dedos dos pés devem apontar para a frente e para baixo;
- deixe os joelhos travados.

Posição 2

- deite-se sobre o abdômen, com a cabeça erguida;
- eleve o peito acima do colchonete ou do chão;
- estenda os braços para a frente, formando um ângulo de 90º;
- apoie os punhos cerrados sobre o colchonete ou o chão;
- estenda as pernas (unidas) para trás e mantenha os joelhos travados;
- mantenha os dedos dos pés (apontando) para a frente e para baixo.

Posição 3

- *inspire lentamente*;
- eleve as pernas aproximadamente 5 cm acima do colchonete ou do chão;
- procure chutar rapidamente os glúteos, tocando-os com o calcanhar da perna direita.

Posição 4

- *expire lentamente*, enquanto estende a perna direita para trás;
- procure chutar rapidamente os glúteos, tocando-os com o calcanhar da perna esquerda.

Nota

Repita o exercício seis vezes, para a direita e para a esquerda.

Precauções

Posição 2 – Manter a cabeça e o peito elevados do colchonete ou do chão.

Posição 3 – Mantenha os dedos dos pés (em ponta) acima do colchonete ou do chão.

---

14 Chutes com duas pernas*

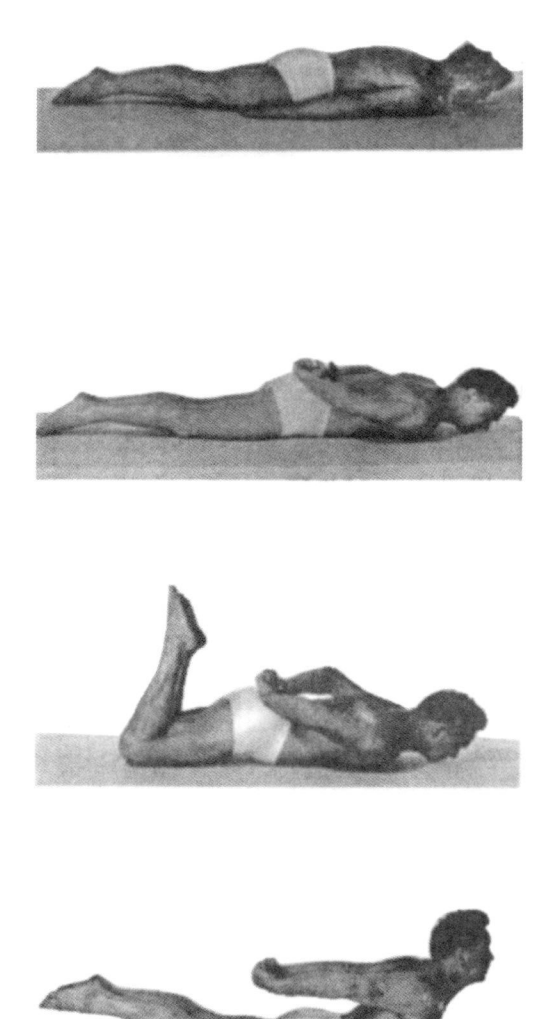

---

* No original em inglês, *the double kick*.

Posição 1

- posicione-se conforme ilustrado;
- deite-se estendido, com a cabeça apoiada no chão;
- estenda as pernas (unidas) para trás;
- deixe os joelhos travados;
- mantenha os dedos dos pés (apontados) para a frente e para baixo.

Posição 2

- apoie o queixo sobre o colchonete ou o chão;
- cruze os braços atrás das costas;
- entrelace os dedos da mão esquerda com os da mão direita;
- estenda as pernas (unidas) para trás;
- deixe os joelhos travados;
- mantenha os dedos dos pés (apontados) para trás e para baixo e elevados cerca de 3 cm acima do colchonete ou do chão.

Posição 3

- flexione as pernas para a frente em um ângulo de 90º.

Posição 4

- *inspire lentamente*;
- simultaneamente, eleve o peito e jogue a cabeça para trás o máximo possível;
- eleve os braços (bem estendidos) com as mãos dadas sobre a coluna;
- estenda-os para trás (rígidos) o máximo possível;
- "chute" rapidamente as pernas para trás, estendendo-as;
- eleve-as o máximo possível do colchonete ou do chão.

Nota

Repita o exercício cinco vezes.

Precauções

Posição 4 – Mantenha a cabeça elevada o máximo possível. Mantenha os braços estendidos para trás o máximo que puder, sem tocar o corpo.

15 Alongamento do pescoço*

---

* No original em inglês, *the neck pull*.

Instruções

Posição 1

- posicione-se conforme ilustrado;
- *inspire lentamente*;
- aperte as mãos (dedos firmemente entrelaçados) por trás da cabeça;
- deixe os dedos dos pés apontados para cima e para trás.

Posição 2

- incline a cabeça para a frente, com o queixo tocando o peito;
- mantenha o abdômen contraído;
- deixe os dedos dos pés apontando para cima;
- mantenha a coluna "inclinada" para a frente, desencostando do colchonete ou do chão.

Posição 3

- *expire lentamente*;
- estenda e pressione as pernas firmemente para baixo contra o colchonete;
- lentamente, eleve o corpo para cima e para a frente, como indicado na foto;
- deixe os dedos dos pés apontados para cima.

Posição 4

- *expire lentamente*;
- incline o corpo para a frente até a cabeça encostar nos joelhos, (se possível), como ilustrado;

- mantenha os cotovelos pressionados para trás até imobilizar as escápulas;
- *inspire lentamente*;
- retorne para a posição 3;
- *expire lentamente*;
- retorne para as posições 2 e 1.

Nota

Repita o exercício três vezes.

Precauções

Posição 1 – Mantenha os dedos dos pés apontados para cima.
Posição 2 – Mantenha as pernas bem pressionadas no colchonete ou no chão (se necessário, coloque uma almofada nos pés).
Posição 4 – Deixe os cotovelos bem estendidos e pressionados para trás até que as escápulas se encontrem.

---

16 Tesoura*

***

*No original em inglês, *the scissors*.

Instruções

Posição 1

- posicione-se conforme ilustrado.

Posição 2

- eleve as pernas para cima e para trás;
- seu corpo deve ficar sustentado pela cabeça, pelos ombros, pela parte superior dos braços, pelo pescoço e pelos cotovelos;
- com as mãos em forma de concha, sustente o quadril;
- *inspire lentamente*.

Posição 3

- separe as pernas como uma tesoura (a esquerda para trás e a direita para a frente);
- mantenha as pernas estendidas e os joelhos, travados;
- deixe os dedos dos pés apontados para a frente e para baixo.

Posição 4

- *expire lentamente*;
- alterne as pernas (direita para trás e esquerda para a frente).

Nota

Repita o movimento de tesoura por seis vezes.

Precauções

Posição 2 – Mantenha o corpo rígido, movimente somente as pernas, deixe os joelhos travados e os dedos dos pés, apontados para a frente e para baixo. Procure, gradualmente, afastar as pernas como uma tesoura, de forma que os dedos da perna que vai para a frente (na direção da cabeça) fiquem além de sua visão; isso também vale para a perna que vai para trás, em movimentos alternados.

17 Bicicleta*

---

* No original em inglês, *the bicycle*.

Instruções

Posição 1

- posicione-se conforme ilustrado.

Posição 2

- eleve o corpo sobre os braços, os cotovelos, os ombros, o pescoço e a cabeça;
- *inspire lentamente*;
- afaste as pernas conforme ilustrado na terceira foto.

Posição 3

- flexione o joelho direito para baixo e para trás, no sentido contrário da outra perna, e procure "se chutar";
- *expire lentamente*.

Posição 4

- "puxe" a perna direita (estendida) para trás;
- *inspire lentamente*;
- flexione o joelho esquerdo para baixo e para trás, no sentido contrário da outra perna, e procure "se chutar".

Nota

Repita o exercício "chutando" cinco vezes com cada perna.

Precauções

Posição 3 – Tenha certeza de executar a posição o mais próximo possível da ilustrada. Estenda cada perna alternadamente para a frente, em direção à cabeça, até que não possa mais vê-la, com os joelhos travados e os dedos dos pés apontados para a frente e para baixo.

18 Ponte*

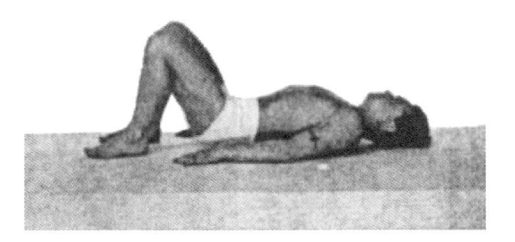

---

* No original em inglês, *the shoulder bridge*.

Instruções

Posição 1

- posicione-se conforme ilustrado.

Posição 2

- eleve o corpo apoiando-se na parte superior dos braços, nos cotovelos, nos ombros, no pescoço e na cabeça, com os pés sobre o colchonete ou o chão;
- segure a cintura firmemente com as mãos, conforme ilustrado.

Posição 3

- *inspire lentamente*;
- eleve a perna direita para a frente e para cima, formando um ângulo de 90º;
- deixe os dedos dos pés apontando para a frente e para baixo.

Posição 4

- *expire lentamente*;
- abaixe a perna direita para a frente e para baixo, com o joelho bem estendido e travado;
- empurre o peito para cima e para fora o máximo que puder, conforme ilustrado.

Posição 3

- *inspire lentamente*;

- eleve a perna esquerda para a frente e para cima, fazendo um ângulo de 90°;
- deixe os dedos dos pés apontados para a frente e para baixo.

Posição 4

- *expire lentamente*;
- abaixe a perna esquerda para a frente e para baixo, com os joelhos bem estendidos;
- empurre o peito para cima e para fora o máximo que puder, conforme ilustrado.

Nota

Repita os movimentos com as pernas esquerda e direita três vezes.

Precauções

Posição 3 – Mantenha as pontas dos pés e os joelhos bem estendidos. Pressione o pé firmemente contra o chão quando abaixar cada perna e expanda o peito.

---

19 Rotação do tronco*

---

* No original em inglês, *the spine twist*.

Instruções

Posição 1

- posicione-se conforme ilustrado;
- *inspire lentamente;*
- sente-se bem reto em uma posição de 90°;
- mantenha o peito aberto e o abdômen contraído;
- mantenha a cabeça para cima e para a frente;
- mantenha os braços abertos (na largura dos ombros, com as palmas das mãos viradas para baixo) e estendidos para trás até que as escápulas se toquem;
- deixe as pernas (unidas) totalmente apoiadas e estendidas sobre o colchonete ou o chão;
- deixe as pontas dos pés para cima e para trás.

Posição 2

- mantenha os braços e as pernas totalmente rígidos;
- *expire lentamente;*
- execute a rotação do tronco e da cabeça para a direita o máximo possível; a seguir, faça um esforço com o corpo e a mente e procure, por duas vezes, melhorar os resultados em relação à tentativa inicial;
- *inspire lentamente,* enquanto se coloca na posição 3.

Posição 3

- posicione-se conforme ilustrado.

Posição 4

- *expire lentamente*;
- execute a rotação do tronco e da cabeça para a esquerda o máximo possível; a seguir, faça um esforço com o corpo e a mente e procure, por duas vezes, melhorar os resultados em relação à tentativa inicial;
- *inspire lentamente*, enquanto retorna à posição 3.

Posição 3

- posicione-se conforme ilustrado.

Nota

Repita o exercício três vezes para a esquerda e três vezes para a direita, procurando, a cada repetição, ir o mais longe possível para trás.

Precauções

Posição 1 – Mantenha os braços e as pernas rígidos e as escápulas, travadas. Execute a rotação do tronco somente a partir da coluna. Procure encostar o queixo alternadamente no ombro direito e no esquerdo.

---

20 Canivete[*]

---

[*] No original em inglês, *the jack knife*.

Instruções

Posição 1

- posicione-se conforme ilustrado;
- apoie toda a coluna no colchonete ou no chão.

Posição 2

- estenda os braços ao lado do corpo;
- mantenha as pernas unidas e elevadas em um ângulo de 90°;
- deixe os joelhos travados;
- deixe os dedos dos pés apontados para a frente e para baixo;
- *inspire lentamente.*

Posição 3

- pressione os braços firmemente para baixo contra o colchonete ou o chão;
- com os joelhos travados, "role" o corpo até elevar a coluna aproximadamente a 15 cm do colchonete ou do chão.

Posição 4

- "chute" as pernas para cima, elevando-as em um ângulo de 90° e em um movimento rápido, como um canivete;
- permaneça com o corpo todo apoiado sobre a cabeça, o pescoço, os ombros e os braços;
- *expire lentamente*;
- retorne à posição 3;
- *inspire lentamente*;
- retorne à posição 2;
- *expire lentamente.*

Nota

Repita o exercício três vezes.

Precauções

Posição 2 – Mantenha as pernas em um ângulo de 90°, os joelhos travados e os dedos dos pés com as pontas estendidas.
Posição 3 – Permaneça contando mentalmente até 2.
Posição 4 – Permaneça contando mentalmente até 2.

21 Chutes laterais*

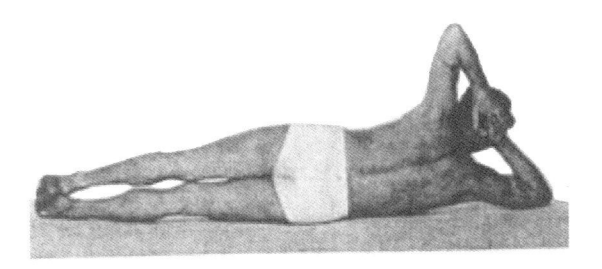

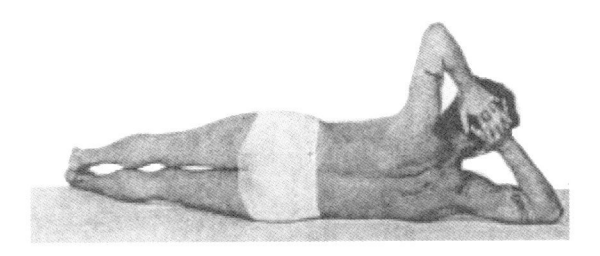

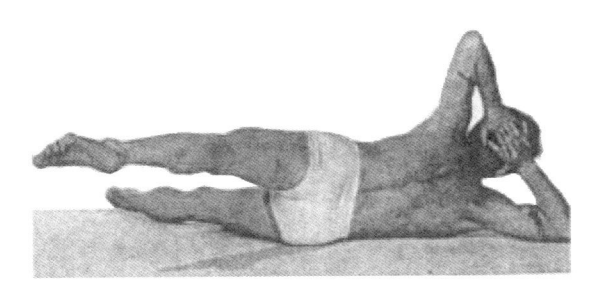

---

* No original em inglês, *the side kick*.

Instruções

Posição 1

- posicione-se conforme ilustrado;
- segure as mãos atrás da cabeça;
- mantenha a cabeça elevada e o olhar para a frente;
- mantenha os braços flexionados;
- apoie toda a lateral direita do corpo sobre o colchonete ou o chão.

Posição 2

- eleve as pernas (unidas) para a frente em aproximadamente 60 cm.

Posição 3

- *inspire lentamente*;
- "balance" a perna esquerda para a frente o máximo que puder;
- retorne a perna esquerda aproximadamente 30 cm para trás;
- "balance" a perna esquerda para a frente novamente, na tentativa de melhorar o movimento em relação à primeira vez.

Posição 4

- *expire lentamente*;
- "balance" a perna esquerda para trás o máximo possível;
- retorne a perna esquerda aproximadamente 30 cm para a frente;
- "balance" a perna esquerda novamente para trás, tentando alcançar mais longe do que na primeira vez.

Nota

Repita o exercício três vezes do lado esquerdo. Troque de lado na posição 1, agora com toda a lateral esquerda do corpo apoiada no colchonete ou no chão. Repita mais três vezes com a perna direita, respeitando a sequência das posições 2, 3 e 4.

Precauções

Posição 3 – Mantenha a cabeça elevada e os cotovelos para trás, com o corpo todo rígido. Movimente somente a perna "livre" e mantenha a outra pressionada contra o colchonete ou o chão.

Posição 4 – Mantenha o equilíbrio apoiando-se na lateral do corpo.

22.Provocador*

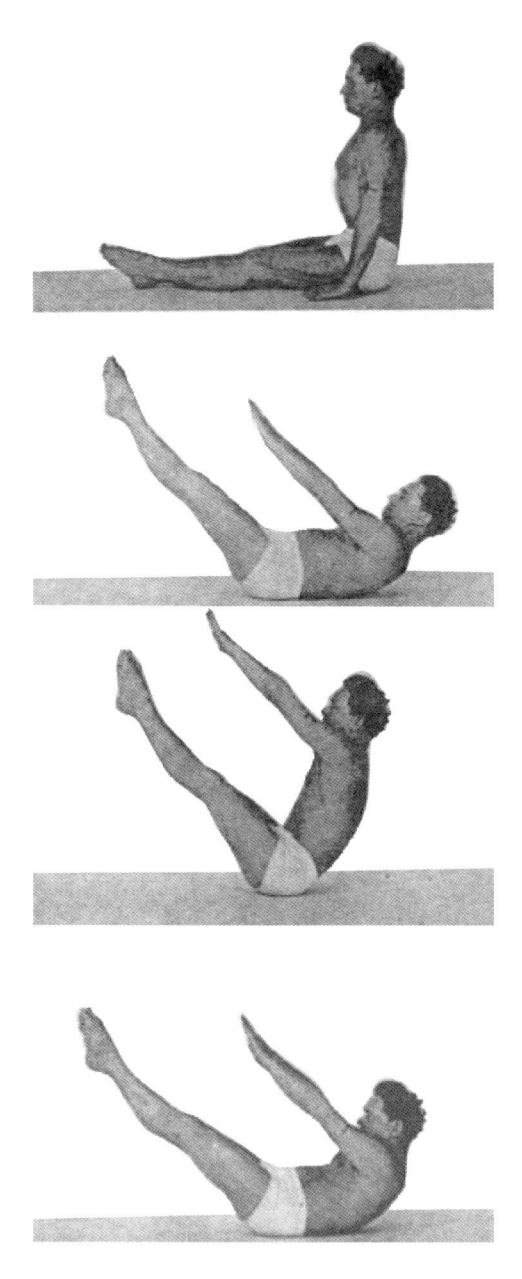

---

*No original en inglês, *the teaser*.

Instruções

Posição 1

- posicione-se conforme ilustrado;
- mantenha a cabeça elevada, as pernas unidas e os joelhos travados;
- deixe os dedos dos pés apontando para a frente e para baixo;
- deixe os braços estendidos ao lado do corpo e as mãos apontadas para a frente.

Posição 2

- incline a cabeça para a frente;
- mantenha o queixo ao peito e o abdômen contraído;
- "role" para trás sobre a coluna até que as pernas se elevem para o ângulo indicado (cerca de 45°).

Posição 3

- *inspire lentamente*;
- eleve os braços paralelamente às pernas, como indicado.

Posição 4

- "role" para a frente e para cima;
- "equilibre-se" nas nádegas;
- mantenha os braços elevados e alinhados com as pernas, conforme ilustrado (paralelos);
- *expire lentamente*;
- retorne à posição 2;
- *inspire lentamente*.

Nota

Repita o exercício três vezes.

Precauções

Posição 3 – Braços e pernas devem ser mantidos em uma linha paralela. Mantenha a coluna bem arredondada e o peito para dentro.

23 Rotação do quadril com braços estendidos*

Instruções

Posição 1

- posicione-se conforme ilustrado;
- posicione os braços em um ângulo de 90°, firmemente pressionados contra o colchonete ou o chão;
- mantenha as palmas das mãos viradas para baixo e para trás;
- mantenha as pernas unidas e estendidas para a frente;
- mantenha os dedos dos pés apontados para a frente e para baixo.

Posição 2

- *inspire lentamente*;
- "balance" as pernas unidas;
- deixe os joelhos travados;
- deixe os dedos dos pés apontados para a frente e para baixo, o mais alto possível.

Posição 3

- *expire lentamente*;
- "balance" as pernas para baixo, sem deixá-las tocar o colchonete ou o chão.

Posição 4

- *inspire lentamente*;
- "balance" as pernas para cima o máximo possível, fazendo um círculo para o lado direito;
- *expire lentamente*;

- "balance" as pernas para baixo, fazendo um círculo para a esquerda e alongando as pernas o máximo que puder, sem tocar o colchonete ou o chão.

Nota

Repita a sequência do exercício três vezes, fazendo o movimento de "balanço" das pernas em círculo três vezes para a esquerda e três vezes para a direita.

Precauções

Posição 1 – Pressione o peito para dentro o máximo possível.
Posição 2 – Mantenha o queixo para baixo.
Posição 4 – Quando estiver executando o "círculo" para cima, "balance" as pernas o mais alto que puder e o mais perto possível da cabeça. Preste atenção para movimentar apenas as pernas e o quadril.

---

24 Natação*

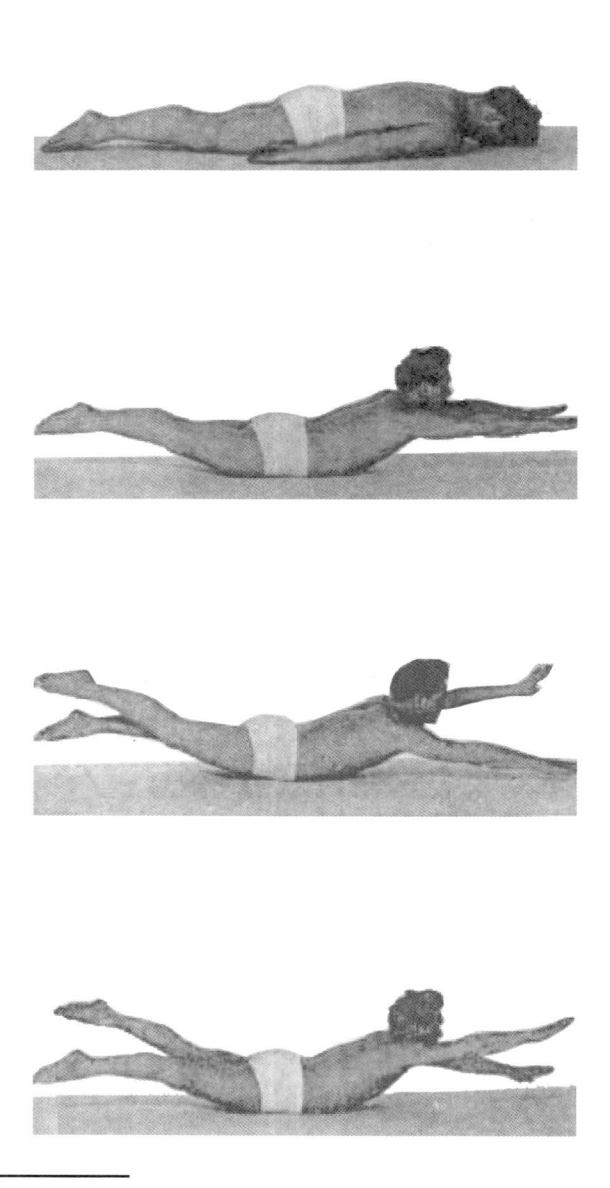

Instruções

Posição 1

- posicione-se conforme ilustrado;
- mantenha os braços estendidos para a frente.

Posição 2

- deixe as palmas das mãos viradas para baixo;
- mantenha a cabeça para cima e para trás o máximo que puder;
- mantenha o peito elevado do colchonete ou do chão;
- deixe os dedos dos pés apontados para a frente e para baixo;
- deixe os joelhos travados;
- *inspire e expire* normalmente, enquanto executa os gestos simultâneos, alternados e combinados com os movimentos a seguir, contando mentalmente de um a dez, iniciando com o movimento do braço direito.

Posição 3

- mantenha a perna esquerda e o braço direito elevados o máximo possível.

Posição 4

- faça o mesmo, simultaneamente, com a perna direita e o braço esquerdo. Siga as instruções do último item na posição 2.

Nota

Repita o exercício conforme indicado.

Precauções

Posição 3 – Mantenha a perna esquerda e o braço direito elevados o máximo possível nos movimentos para cima. A perna esquerda e o braço direito não devem tocar o colchonete ou o chão nos movimentos para baixo. Isso também vale para a perna direita e o braço esquerdo. Mantenha o corpo rígido e movimente apenas os braços e as pernas.

25 Extensão da perna – frente*

---

*No original em inglês, *the leg-pull – front*.

Instruções

Posição 1

- posicione-se conforme ilustrado;
- mantenha os braços na largura dos ombros, em um ângulo de 90°;
- mantenha as mãos apoiadas em linha com os ombros;
- mantenha a cabeça em linha reta com o corpo e as pernas unidas;
- deixe os dedos dos pés apontados para baixo;
- deixe os calcanhares unidos e os joelhos, travados.

Posição 2

- *inspire lentamente*;
- eleve a perna direita para cima e para trás o mais alto possível;
- *expire lentamente*;
- abaixe a perna direita, voltando para a posição 1.

Posição 3

- *inspire lentamente*;
- eleve a perna esquerda para cima e para trás o mais alto possível;
- *expire lentamente*;
- abaixe a perna esquerda e retorne para a posição 1.

Nota

Repita o exercício três vezes, para a direita e para a esquerda.

Precauções

Posição 1 – Os braços devem permanecer na largura dos ombros e em um ângulo de 90º.

Posições 2 e 3 – Mova apenas as pernas; os joelhos permanecem travados.

26 Extensão da perna[*]

Instruções

Posição 1

- posicione-se conforme ilustrado;
- mantenha os braços na largura dos ombros, em um ângulo de 90º;
- mantenha as mãos viradas para as laterais, formando um ângulo de 90º com os braços;
- mantenha a cabeça em linha reta com o corpo;
- deixe as pernas unidas e a ponta dos pés para baixo;
- mantenha os calcanhares unidos e os joelhos, travados.

Posição 2

- *inspire lentamente*;
- eleve a perna direita para cima e para trás o mais alto possível;
- *expire lentamente*;
- abaixe a perna direita e volte à posição 1.

Posição 3

- *inspire lentamente*;
- eleve a perna esquerda para cima e para trás o mais alto possível;
- *expire lentamente*;
- abaixe a perna esquerda e volte à posição 1.

Nota

Repita o exercício três vezes, para a direita e para a esquerda.

Precauções

Posição 1 – Os braços devem estar abertos na largura dos ombros e em ângulo reto.

Posições 2 e 3 – Mova somente as pernas e mantenha os joelhos travados.

27 Chutes laterais ajoelhado*

---

* No original em inglês, *the side kick kneeling*.

Instruções

Posição 1

- posicione-se conforme ilustrado.

Posição 2

- apoie-se sobre o joelho esquerdo;
- sustente o corpo com o braço esquerdo;
- estenda a perna direita (joelhos travados) para fora e para o lado, em linha reta com o corpo;
- deixe os dedos dos pés apontados para a frente e para baixo;
- traga o braço direito para trás com a mão apoiada sobre a cabeça; mantenha os cotovelos para trás o máximo possível.

Posição 3

- *inspire rapidamente* enquanto "balança" a perna direita para trás, forçando-a o máximo possível.

Posição 4

- *expire rapidamente* enquanto "balança" a perna direita para a frente, forçando-a o máximo possível.

Posição 2

- apoie-se sobre o joelho direito;
- sustente o corpo com o braço direito;
- estenda a perna esquerda (joelhos travados), para fora e para o lado, em linha reta com o corpo;

- deixe os dedos dos pés apontados para a frente e para baixo;
- traga o braço esquerdo e o cotovelo para trás o máximo possível, com a mão apoiada sobre a cabeça.

Posição 3

- *inspire rapidamente* enquanto "balança" a perna esquerda para trás, forçando-a o máximo possível.

Posição 4

- *expire rapidamente* enquanto "balança" a perna esquerda para a frente, forçando-a o máximo possível.

Nota

Repita o exercício quatro vezes com cada perna.

Precauções

Posição 2 – Mantenha a cabeça para cima, o cotovelo para trás, o peito aberto e o abdômen contraído. Mantenha o corpo rígido; movimente apenas as pernas. Inspire rapidamente enquanto balança as pernas, forçando-as o máximo possível para a frente. Expire rapidamente enquanto balança as pernas, forçando-as o máximo possível para trás.

Observações

Este exercício se concentra nas linhas da cintura e do quadril e também é importante para o equilíbrio e a coordenação.

28 Flexão lateral*

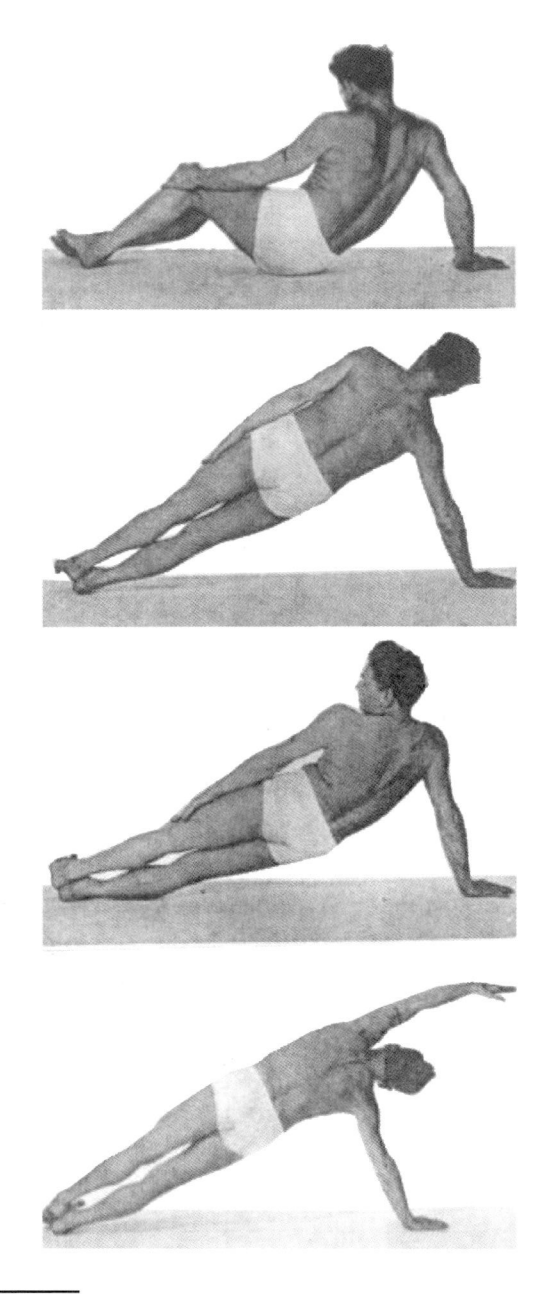

---

* No original em inglês, *the side bend*.

Instruções

Posição 1

- posicione-se conforme ilustrado.

Posição 2

- mantenha o braço direito alinhado com o ombro direito e o braço esquerdo, estendido contra o corpo;
- deixe a cabeça elevada;
- mantenha o queixo na direção do peito e o olhar para a frente;
- *inspire lentamente.*

Posição 3

- vire a cabeça para a esquerda e tente colocar o queixo sobre o ombro esquerdo;
- abaixe o corpo até que a panturrilha direita encoste no colchonete ou no chão;
- *expire lentamente*;
- retorne à posição 2;
- *inspire lentamente.*

Nota

Repita o exercício três vezes, do lado direito e do lado esquerdo.

Precauções

Posição 2 – Mantenha o corpo rígido, a cabeça para cima, o peito aberto e o abdômen "contraído".

Posição 3 – Apenas as panturrilhas esquerda e direita, respectivamente, devem tocar o colchonete ou o chão quando abaixadas.

Precauções

Este exercício se concentra nos braços, nos ombros e nos músculos do pulso, alonga o quadril e a cintura e desenvolve o equilíbrio e a coordenação. Em um mês, passe da posição 2 para a posição 4.

29 Bumerangue*

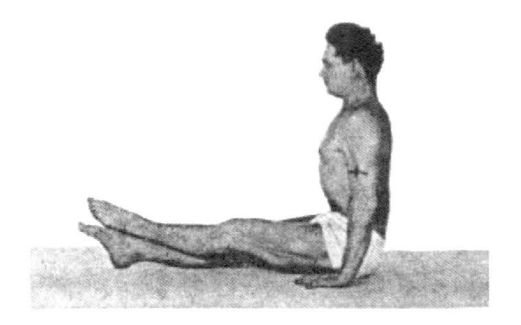

---

*No original em inglês, *the boomerang*.

Instruções

Posição 1

- posicione-se conforme ilustrado;
- *inspire lentamente*;
- sente-se reto, em um ângulo de 90º;
- mantenha a cabeça elevada e o abdômen contraído;
- cruze a perna esquerda sobre a direita;
- mantenha os braços pressionados contra o corpo;
- mantenha as mãos apontando para a frente e pressionadas contra o colchonete ou o chão.

Posição 2

- *expire lentamente*;
- "role" para trás o máximo possível e, enquanto permanece nessa posição, cruze a perna direita sobre a perna esquerda.

Posição 3

- *inspire lentamente*;
- "role" para a frente e balance os braços para trás, estendendo-os o máximo possível.

Posição 4

- *expire lentamente* enquanto leva as pernas para o colchonete ou o chão;
- mantenha a cabeça tocando os joelhos e os braços (com as palmas para cima) elevados para trás e para cima o máximo possível;
- retorne à posição 2.

Nota

Repita o exercício seis vezes, iniciando com a perna direita cruzada sobre a esquerda e alternando.

Precauções

Posição 2 – Mantenha os braços e os ombros pressionados firmemente contra o colchonete ou o chão. Inverta enquanto as pernas estiverem sobre a cabeça e quando for retornar à posição 3.

Posição 4 – Procure encostar a cabeça nos joelhos. Mantenha os braços (com as palmas para cima) para trás e para cima o máximo possível.

30 Foca[*]

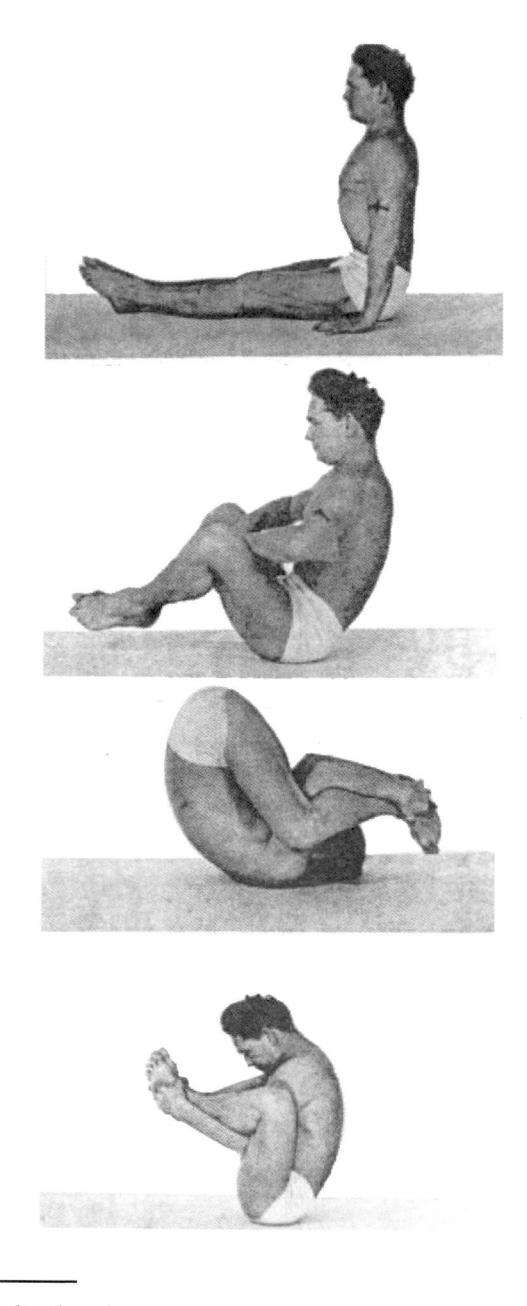

Instruções

Posição 1

- posicione-se conforme ilustrado.

Posição 2

- *inspire lentamente*;
- incline a cabeça para a frente em direção ao peito;
- mantenha o abdômen contraído;
- deixe as pernas separadas, como a "envergadura de uma águia";
- mantenha as solas dos pés e os calcanhares unidos, apontados para dentro.

Posição 3

- *expire lentamente*;
- entrelace os braços como uma "videira" sob as pernas;
- passe o braço esquerdo por baixo e por cima da perna esquerda;
- segure o dorso do pé esquerdo firmemente;
- passe o braço direito por baixo e por cima da perna direita;
- segure o dorso do pé direito firmemente;
- pressione as solas dos pés e os calcanhares firmemente unidos e apontados para dentro.

Posição 4

- *inspire lentamente*;
- "role" para trás o máximo possível;
- *expire lentamente*;
- retorne à posição 3;

- "bata" (como bater palmas) as solas dos pés com os calcanhares unidos por duas vezes.

Nota

Repita o exercício seis vezes.

Precauções

Posição 2 – Incline o corpo para a frente. Pressione o peito para dentro e incline o corpo para trás para elevar as pernas, deixando de tocar o colchonete ou o chão.

Posição 3 – "Equilibre" o corpo sobre as nádegas ao "rolar" para trás e para a frente. Você deve inspirar enquanto "rola" para trás.

Posição 4 – Pressione a cabeça firmemente contra o colchonete ou o chão enquanto "rola" para cima, expirando.

---

31 Caranguejo[*]

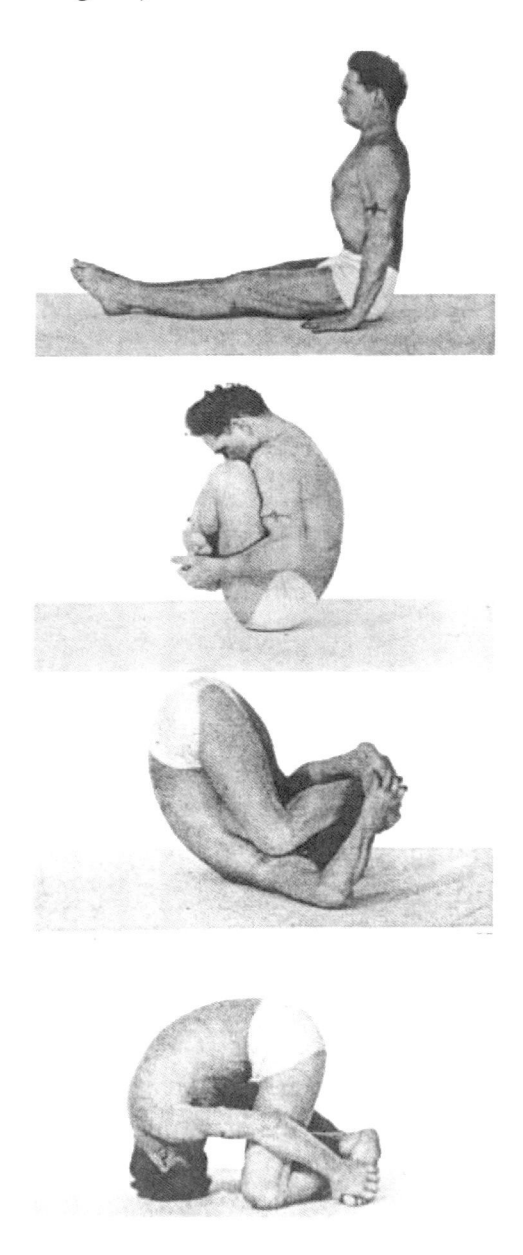

_____

Instruções

Posição 1

- posicione-se conforme ilustrado;
- *inspire lentamente.*

Posição 2

- *expire lentamente;*
- cruze as pernas como "índio";
- mantenha a cabeça inclinada para a frente, o queixo ao peito e o abdômen contraído;
- segure os pés firmemente; a mão direita segura o pé esquerdo e a mão esquerda, o pé direito;
- "puxe" os joelhos em direção aos ombros o máximo possível.

Posição 3

- *inspire lentamente* enquanto "rola" para trás o máximo possível;
- *expire lentamente* enquanto "rola" para cima.

Posição 4

- descanse a cabeça sobre o colchonete ou o chão;
- *inspire lentamente* até retornar à posição 3;
- *expire lentamente* enquanto, novamente, "rola" para cima;
- a cabeça deve retornar ao colchonete ou ao chão, como indicado na posição 4.

Nota

Repita o exercício seis vezes.

Precauções

Posição 2 – Mantenha a cabeça o mais próxima possível do peito. Contraia o abdômen e mantenha a coluna arredondada. "Puxe" os joelhos em direção aos ombros o máximo possível. "Equilibre-se" nas nádegas.

32 Balanço*

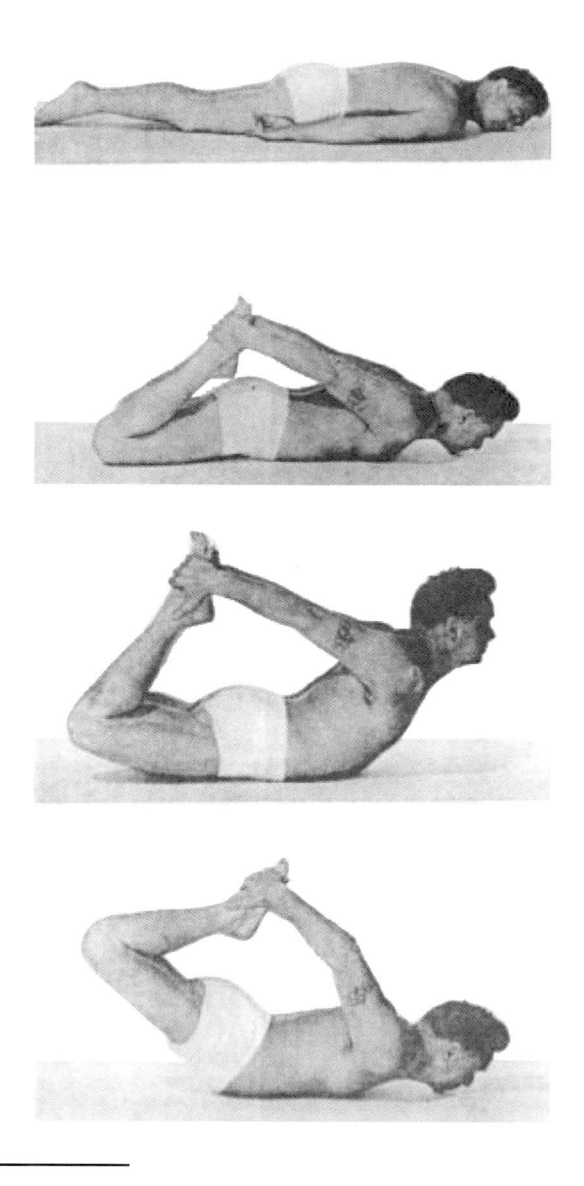

Posição 1

- posicione-se conforme ilustrado;
- descanse o corpo (em decúbito ventral) sobre o colchonete ou o chão;
- pressione os braços nas laterais com as palmas para cima;
- estenda as pernas (unidas) para trás;
- mantenha os dedos dos pés (apontados) para a frente e para baixo.

Posição 2

- flexione as pernas para a frente em direção à cabeça;
- segure os pés.

Posição 3

- *inspire lentamente*;
- empurre o peito para fora com a cabeça para trás o máximo possível;
- pressione as pernas (unidas) em direção ao colchonete ou ao chão.

Posição 4

- balance para a frente até o queixo encostar no colchonete ou no chão;
- balance para trás o máximo possível;
- *inspire lentamente* à medida que balança para a frente;
- *expire lentamente* à medida que balança para trás.

Nota

Repita o exercício cinco vezes.

Precauções

Posição 3 – Mantenha a cabeça para trás o máximo possível.

33 Controle do equilíbrio[*]

---

[*] No original em inglês, *the control balance*.

Instruções

Posição 1

- posicione-se conforme ilustrado;
- deite o corpo sobre o colchonete ou o chão;
- mantenha as pernas unidas e estendidas para a frente;
- deixe os dedos dos pés apontados para a frente e para baixo;
- mantenha os braços estendidos ao lado do corpo e as palmas para baixo;
- *inspire lentamente.*

Posição 2

- *expire lentamente*;
- "role" as pernas para cima até o corpo ficar apoiado sobre os ombros, os braços e o pescoço.

Posição 3

- *inspire lentamente*;
- deixe os dedos do pé direito tocarem o colchonete ou o chão, segurando o pé direito firmemente com as mãos;
- mantenha a perna esquerda estendida para cima o máximo possível.

Posição 4

- *expire lentamente*;
- solte o pé direito;
- traga a perna esquerda para baixo até encostar o dedão esquerdo no colchonete ou no chão;

- segure o pé esquerdo firmemente com as mãos;
- mantenha a perna direita estendida para cima o máximo possível.

Nota

Repita as posições 3 e 4 do exercício seis vezes.

Precauções

Posição 2 – Mantenha o equilíbrio sobre os ombros, os braços e o pescoço. Mantenha os joelhos travados e a ponta dos pés estendida para a frente e para baixo.

---

34 Flexão de braços*

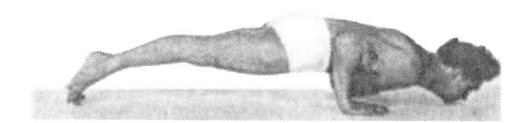

---

* No original em inglês, *the push up*.

Instruções

Posição 1

- posicione-se conforme ilustrado;
- mantenha os braços (na largura dos ombros) e as palmas das mãos estendidos;
- procure tocar o colchonete ou o chão.

Posição 2

- mantenha os pés firmemente pressionados contra o colchonete ou o chão;
- comece a "caminhar" para a frente com as palmas das mãos;
- mantenha a cabeça para baixo e continue "caminhando" para a frente.

Posição 3

- assuma a posição ilustrada;
- mantenha o corpo rígido e em linha reta da cabeça aos calcanhares;
- mantenha o peso do corpo sobre os dedos dos pés e as palmas das mãos;
- deixe os braços (na largura dos ombros) e as mãos apontando para a frente;
- mantenha a cabeça em linha reta com o corpo.

Posição 4

- mantenha o corpo rígido e a coluna travada;
- flexione os cotovelos (braços abertos na largura dos ombros);
- deixe a parte superior dos braços pressionada firmemente contra todo o corpo;

- *inspire lentamente*;
- abaixe o corpo até o queixo tocar o colchonete ou o chão;
- alongue o pescoço para fora o máximo possível;
- mantenha o quadril travado e o abdômen, contraído;
- mantenha o peito elevado sobre o colchonete ou o chão;
- *expire lentamente*;
- eleve o corpo lentamente, pressionando as mãos firmemente contra o colchonete ou o chão.

Nota

Repita o exercício três vezes.

Precauções

Posição 3 – Mantenha os ombros alinhados com as mãos e o quadril travado. Deixe a cabeça alinhada com o corpo. Mantenha o corpo totalmente rígido. Movimente somente os braços, e não o corpo. Encoste o queixo (e não o peito) no colchonete ou no chão.

SOBRE O LIVRO

Formato: 16 x 23 cm
Mancha: 11,0 x 18,5 cm
Tipologia: Chaparral Pro, BernhardMod BT
Papel: Offset 90 g
nº páginas: 240
1ª edição: 2010

EQUIPE DE REALIZAÇÃO

Edição de texto
Nathalia Ferrarezi (Assistente editorial)
Renata Sangeon (Preparação do original e copidesque)
Gerson da Silva e Juliana Maria Mendes (Revisão)

Editoração eletrônica
Fabiana Tamashiro (Capa, projeto gráfico, diagramação e tratamento de imagens)

Impressão
Pifferprint